怎解鄉愁

乡村振兴的乐和实验

廖晓义 著

图书在版编目（CIP）数据

怎解乡愁：乡村振兴的乐和实验 / 廖晓义 著. —北京：东方出版社，2022.4
ISBN 978-7-5207-2574-3

Ⅰ.①怎… Ⅱ.①廖… Ⅲ.①农村—社会主义建设—研究—中国 Ⅳ.①F320.3

中国版本图书馆 CIP 数据核字（2022）第 029571 号

怎解乡愁：乡村振兴的乐和实验
（ZEN JIE XIANGCHOU: XIANGCUN ZHENXING DE LEHE SHIYAN）

作　　者：	廖晓义
责任编辑：	贺　方　冯　川
出　　版：	东方出版社
发　　行：	人民东方出版传媒有限公司
地　　址：	北京市西城区北三环中路 6 号
邮　　编：	100120
印　　刷：	北京联兴盛业印刷股份有限公司
版　　次：	2022 年 4 月第 1 版
印　　次：	2022 年 4 月第 1 次印刷
开　　本：	880 毫米×1230 毫米　1/32
印　　张：	10.125
字　　数：	140 千字
书　　号：	ISBN 978-7-5207-2574-3
定　　价：	68.00 元
发行电话：	(010) 85924663　85924644　85924641

版权所有，违者必究

如有印装质量问题，我社负责调换，请拨打电话：(010) 85924602　85924603

序
乡土智慧与力量

2013年4月,我在美国克莱蒙市参加"第7届生态文明国际论坛"时,见到了久闻其名的著名环保人士廖晓义老师。我与廖老师一见如故,当时她送给我一份报告,是由北京大学中国与世界研究中心的潘维教授撰写的一份题为《维稳与久安之道——变"覆盖"为"参与"的"新时期群众路线"》的报告。在这份报告中,我看到了一个新词:乐和。这个报告通过廖晓义协同巫溪县委县政府所做的"乐和家园"实验,提出了一条破解乡村治理难题的新路。这份报告我反复读了两遍,在读完这份报告之后,发现当我对乡土文化价值还停留在理论解读时,巫溪的乐和实验已经用事实证明,乡土文化在乡村治理中的作用。我深为廖晓义老师的远见与敢为天下先的实践探索精神所感动。在之后时间,我实地考察了廖晓义和她的团队在湖南长沙、山东曲阜等地所助推的乐和家园乡村建设的许多活动。在与廖晓义的接触中，真正使我震撼的，是她背后的乡土的力量。

是乡土力量，让廖晓义从一位研究西方哲学专业的研究生，后又留学美国，希望在西方哲学中找到中国现代化之路的学者，转向对中国乡土文化的研究与实验。她把自己这个人生中哲学观和价值观的大转型，称为"西行东归路"。她在从事乡村生态环境建设过程中，发现中国乡村有一套自己的生态智慧和信仰体系，根本不需要外求。我们需要做的，是将这种智慧激活与唤醒。于是，她从2004年启动了综合考察乡土文化的"乡村长卷"项目，通过三年多的调研，以全国9个民族10个乡村的深入调研和影视制作为基础，形成了一套以本土文化解决乡村问题的方案，并出版了《乡土中国村民读本》。这本书被送到全国乡村图书馆。在此之后，乡土智慧与文化的魅力，使她走向了重新发现中国乡土精神和智慧的乐和乡村建设的探索。由此，就有了2008年以来，廖晓义和她的社工团队协助政府和村民在四川彭州通济镇，重庆的巫溪县、酉阳县和南岸区，湖南的长沙县，山东的曲阜市等地，一系列的乐和家园乡村建设实验。

最近收到了廖晓义老师《怎解乡愁——乡村振兴的乐和实验》的书稿。读完这本书稿，感觉到，这本书说它高，可以说是一本关于中国乡土智慧的哲学著作，如果是对中国传统智慧与文化不了解的人，不见得能够读懂；说它低，低到可以成为村民和村镇干部从事乡村振兴事业时拿来就能用的实操手册。

我之所以这样评价这本书，是因为这本书是廖晓义二十年的知行合一记录。这里的行，是她与她的团队深入到村民与基层干部中去的乐和乡村之行，所以作为总结、记录这件事的书，村民和干部们自然能看得懂。这里的知，是她遨游在中国乡土智慧时空中，与先哲对话，在中西比较与贯通中的体悟、感悟之所得，所以这是一本独特的哲学之书。

这本书具有的上下贯通、高低可融、知行可达的特点，真是中国乡土智慧的特性。智慧包含着西方意义上的哲学，但又不完全等同于西方意义上的哲学。西方哲学是基于主体与客体两元分立的研究范式而形成的。在西方哲学体系中，认识世界与改造世界是分开的，哲学家只对客体世界规律进行研究。西方哲学家的任务是认识世界，而不是改造世界。然而中国智慧，则是基于主体与客体两元合一而生发出来的。中国的智慧来源于知行合一。这种智慧是将认识世界与改造世界融合在一起的结果。中国儒家创始人孔子的修身、齐家、治国、平天下的儒学，不是孔子坐而论道论出来的，而是从日有三省的修心开始，到周游列国的过程中，悟出来的道。老子留下的《道德经》，也不是像我们今天做学问那样，是老子利用图书馆馆长职位的优势，对关于宇宙认识的哲理总结，而是老子自己对生命与宇宙关系的体悟所证的道。可以说《道德经》是老子留下关于生命体悟的五千句感言。《道德经》名称的本身，就包含着知行合一，"道"是需要知道的宇宙认识规律，"德"则是要遵道践行。作为中国诸经之首的《易经》也是如此，其包含深奥的哲理，妙不可言，但不影响它可以用来解决老百姓日常生活中的困惑。知行合一、体用合一，就是毛主席所讲的理论与实践统一，这就是中国的智慧。

而中国这种古老的智慧，能够生生不息传承到今，不仅仅是因为古圣贤给我们留下了经典，更重要的是留下了让这种智慧传承的生产方式和生活方式。这种生产与生活方式，就是将生产与生活融为一体的在中国乡村传承了几千年的耕读教育。这个教育不是今天的知识教育，而是开启智慧的教育。这个教育就是中国古代的"以心传心"的礼乐教化。礼教是外在行为规范的教化，相当于今天的制度与法制治理体系；乐教是内化与心的仁爱之教。

乐和家园乡村建设模式，或者说乐和乡村建设模式，就是将中国古代乡村传承几千年的礼乐教化活化了的传承。"乐"就是传承古代内化于心的自我教化，"和"就是通过各种方式、制度和机制构建一个让乡村和谐的现代化的礼制。可以说"和"就是结合现代社会对古代之礼的活化传承。中国古代流行的礼仪制度在今天无法简单重复，即使能够复活也无法适应现代社会。但礼仪作为一种外在约束治理的机制仍需要传承。廖晓义与乐和家园的同人们围绕"乐"与"和"所探索出的一套乡村治理的理念和制度体系，正是对中国古代礼乐教化的活化传承和创新。

以上是我对这本书的理解，供读者参考。感谢廖晓义老师给我提供一个学习感悟中国乡土智慧的机会。中国乡土智慧存在于天地之间耕读乡村的社会之中，所以这本书要在知行合一的乡村振兴实践中去读，才能体悟其中的真谛。

2021 年 9 月 23 日于北京

推荐序作者简介：张孝德，中共中央党校（国家行政学院）生态文明研究中心主任、教授、博士生导师，兼任国家气候变化专家委员会委员、中国炎黄文化研究会文明传承促进会副理事长、中国乡村文明研究中心主任等职。他是国内最早研究生态文明和乡村文明的学者之一，跟踪研究生态文明与生态经济二十余年。近年来，主编了对中国乡村振兴战略进行最新解读的力作：《乡村振兴十人谈：乡村振兴战略深度解读》（2019 年）。其他已出版的专著有：《文明的轮回——生态文明新时代与中国文明复兴》《生态文明立国论——唤醒中国走向生态文明主体意识》《知识人与知识中国》《模式经济学新探》《经济学范式革命与中国模式解读》。在国家级和省级报刊发表生态文明、经济学论文 200 余篇。主持完成中央部委和地方政府委托的课题 20 余项。2018 年 3 月 25 日受中央电视台一套《开讲啦》栏目组邀请，宣讲"新时代，我们该如何读懂乡村"。

前 言
乐和的力量

你参与，我参与，乐和治理一家人；

你有仁，我有义，乐和文礼一条心；

你出工，我出力，乐和生计一股劲；

你护河，我造林，乐和人居一道景；

你扶老，我携幼，乐和康养一片情。

——《乐和谣》

1918年，一位年近花甲的儒雅老者，在他60岁生日的前三天，在北京的净业湖投湖自尽。投湖的前两天，他曾这样问不知隐情的儿子："这个世界会好吗？"这是他给世界留下的最后一句话。此外，还有一封遗书《敬告世人书》，书中云："国性不存，我生何用？国性存否，虽非我一人之责，然我既见到国性不存，国将不国，必自我一人先殉之，而后唤起国人共知国性为立国之必要。"

这位老者名叫梁济，他的那个不知隐情的儿子就是民国大儒梁漱溟。从某种意义上说，梁漱溟先生就是为了复兴国性而发现了乡村，发现了在乡村保留的"向上之心强，相与情谊厚"的中国精神，是为中国无形的根；而乡村社会是为中国有形的根。梁先生遂致力于建设乡村，成为十九世纪三十年代乡村建设的知名人物。

如果不以现代西方的术语和标签，而以乡土中国的本质来理解中国社会的特质，我们可以看到，中华文明一脉相承五千年，是有她卓越的治理智慧和治理结构的。中华文明也可称为道统文明，或者说乐道尚和的文明——"和也者，天下之达道也"。道是以差异、互补、共生为特质的宇宙大生命，是个体生命的源头和归宿。道的理、道的德、道的路就是中国人日用而不知的思想和信仰体系。道统是学统的内容，学统给政统输送"修齐治平"的人才，政统则以制度的力量来支撑道统。尊道贵德的道统、以道为宗的学统、唯道是从的政统作为中华民族几千年生生不息的顶层设计，又全息地储存于乡村的祠堂、学堂和中堂的基层设计中。

学堂作为学习空间，传承修己安人的文治之道；祠堂作为公共空间，践行选贤与能的礼治之风；家里的中堂作为生活空间，涵养讲信修睦的自治之德，培养孝亲、尊师、报国、法地、敬天的中国品格。这种本于人、根于家、源于天的中华文化，陶冶了"反求诸己明、相与情谊厚、向上之心强"的中国精神。所以中国人，总是前仆后继；所以中国，总是浴火重生！

如何把这古老的共同体智慧接过来传下去？如何让优秀的传统造福今天的乡村？2008年以来，我带领公益组织"北京地球村环境教育中心"（北京乐和社会工作服务中心的前身）在四川彭州通济镇，重庆的黔江区、南岸区、巫溪县和酉阳县，湖南的长沙县，山东的曲阜市，浙江的绍兴上虞永和镇等地，协同政府和村民，把传统的乡土智慧融入现代治理，探索了一条以党委政府为主导、以村民居民为主体、以传统文化为主脉、以社工服务为助力的乐和治理之路，并在此基础上进行文化、经济、生态和康养方面的综合实践。这是一场以中华共同体文化复兴为宗旨的乡村振兴实验。

最初调研的时候，不论是乡村的干部还是普通的村民，基本都是一样的回答：人变得冷漠、自私，只认钱了，思想坏了。有时候钱也解决不了问题，比如巫溪县三宝村有十四户村民在一座山后有庄稼地，想从那里修一条路到村里，但是要修这条路就必定要经过另一户村民的房屋，于是这十四户村民就想凑钱请这家人拆掉自己房屋的一角作为补偿好让路通过，但是这家人死活不肯答应。

但是乐和家园实验在这个村开展不久，让人想不到的事情发生了：这家人为修那条路，主动拆掉自己的部分房屋，并且分文不要！巫溪县白鹿镇大坪村是一个矛盾突出、集访次数达29次之多的"告状村"，巫溪县上磺镇羊桥村是一个村民间不喜往来，各自为政的"自私村"，但这两个村子不到两个月都变成了"乐和村"。原来在一些人眼中所谓的"老刁民"，在两个月里变成了"新乡贤"。一个临近巫溪县大宁河的村庄，几年前一辆拉黄豆的拖拉机掉到河里，村民们一拥而上把黄豆抢了个精光。乐和家园建设进入这个村不久，又有一辆车掉到河里，这次是客车，村民们又一拥而上，但这次不是去抢东西——互助会代表安排身体强健的救人，年老体弱的在一旁照看车里的财物，直到县里的救援人员赶到。

类似的故事在川、渝、湘、鲁、浙等地乐和家园的试点村并不是罕见的奇迹。如果你耐心地读完这本书，可以看到太多的乐和故事。你会和我们一样，真切地感受到乐和的力量。

乐和的力量是中国精神的力量。古圣先贤基于对于宇宙的认识和对人性的洞悉，肯定每个个体都有本自具足的个体性、交互性和公共性之禀赋，具有自立、互助、公益之共同体精神，而这就是中华道统的精华。关键是要找到一种既与传统相通又与现代相连，能够走进百姓生活，为百姓接受的话语，这就是乐和。乐和源自"乐道尚和"的古老智慧，传承"天地人和乐在其中"的君子人格，体现着"和而不同，天下为公"的中国精神，蕴含着社会共治、利益共享、文化共识、环境共存、生命共惜的大同理想。而这些本来就是源自良知的，只是需要被唤醒和激发。在个体主义盛行的时候，乐和倡导自立、互助、公益的中国精神，营造凝聚个体、保护个体和提升个体的公共生活；在"一切向钱看"成为时尚的时候，乐和引导人们关注社会、文化、环境以及健康的价值。乐和把中华道统的家传根脉和现代治理的国家战略变成了老百姓听得懂、记得住、说得出、做得到的生活话语，所以村民们能用自己朴素的语言和切实的行动传递着本来就深植于内心的乐和——"乐和就是一家人""乐和就是一条心""乐和就是凝聚，把心团到一起""乐和就是自己的事情自己办,大家的事情大家商量着办""乐和就是凭良心挣钱,靠团结致富""乐和就是讲公道、懂礼貌"。大坪村的一位乐和代表对《农民日报》的记者说:"说别的我们不懂,一说乐和,都明白了,好事,搞!"

乐和的力量是社会建设的力量。如果说乡村振兴最根本的目标是中国精神的振兴,那么,乡村振兴最基本的任务则是乡村社会组织的建设。乡土中国有着选贤与能、讲信修睦、乡绅乡贤、互助共生的传统。自然社区的社会组织解体,村民对于公共事务的责任感连同大多数乡贤也会随之消失。而作为行政村的村支两委的行政人员有限,行政任务繁多,无法单靠行政的力量来处理自然社区也就是通常说的自然村或村民小组的公共事务。缺少自然社区组织的参与和监督,只靠从上而下的行政约束也很难避免基层政府和基层政权的贪腐漏洞。这是乡村缺少生机与活力的主要原因。乐和家园的解决方案非常简单,就是北京大学中国与世界研究中心主任潘维教授在那篇关于巫溪乐和家园七万字的研究报告中所揭示的:重建自然社区组织,是中华久安之道。具体的操作可以描述为"一站两会三事"分流投入改革。"一站"是乡镇政府主导建立村级层面的社会工作站以提供技术支持;"两会"是建立村民互助会作为自治基础,建立由村支两委牵头,互助会和社工等多方参与的联席会作为共治平台;然后根据"大事政府办、小事村社办、私事自己办"的"三事分流"原则实现责任共担,再进一步进行公共投入机制改革,实现利益共享。阴上阳下的民本传统、各正其位的责任传统、义利并举的公正传统、一体多元的共生传统的传承与创新,激发了村民作为主体的责任感和道德感,增进了政府与社会的互信关系,为修复乡村社会、重建乡村共同体探索了一条可行之路。

乐和的力量是学而时习的力量。百年前,张之洞劝学曰:"世运之明晦,人才之盛衰,其表在政,其里在学。"中国的治理体系从来是与教化体系,也就是学统相辅相成的。与西方主要依靠契约和法制治理国家不同,中国传统治理体系是治育一体、政学合一的。通过私塾、书院、太学等多种形式的文以化人的文治之道,培育自明其德的自治之心,形成德主刑辅的礼治之路,养成通情达理的家治之风,这种植入人心的教育是最有成效的生命教育,也是成本最低的社会治理。乐和家园将中华优秀传统文化与社会主义核心价值内在融合,将传统的祠堂、中堂、学堂之三堂文化转化为三院六艺,即作为公共空间的大院、作为学习空间的书院和作为生活空间的庭院,开展"耕、读、居、养、礼、乐"六个方面的教化，包括以尊道贵德、敬天惜物为宗旨的教材、活动、培训以及相应的硬件配套，如国学屋、食育坊、养生斋、绿风窗、崇礼堂、小剧场。所有这些都紧紧围绕一个目标，就是激发村民的中国精神以及支撑中国精神的中华信仰。正如龙泉乡约的同人所言，"中国人的信仰是天与地，天与地的精神中心在乡村"，"乡村振兴的本质，就是要重塑中国人的终极人生观、价值观。不以此为目的的乡村振兴，都是短期行为伪命题，配不上'乡村振兴'这四个字"。

乐和的力量是家的力量。我们把乡村共同体社会称为家人社会，因为这样的社会不仅有着社会共治、责任共担、利益共享的共同体属性，而且有着家的特质。家是由个体的差异性、彼此的互依性和整体的共生性构成的生命摇篮，家是既有情感又有规则的社会细胞，家是最能尊重个体独立性又能维护共同性的生活空间，家是人们休戚与共的命运共同体，如此构建的社会就是家人社会，也就是宋代《吕氏乡约》所描述的"德业相劝、过失相规、礼俗相交、患难相随"的共同体社会。家庭共同体、家族共同体、家乡共同体、家国共同体、天地家园共同体，乃至人类命运共同体，从某种意义上可以被理解为家人社会在不同层面的体现和追求。中国人的理想社会，本质上是家人社会，也就是大同社会。

中华民族之所以有着强大的生命力，不仅是因为中国文化共同体的意识，还因为共同体的根脉就在乡村。无论这棵大树的枝叶伸展到何方，都可以顺着乡村的根脉凝聚在一起。家人社会作为对原子社会的修复和疗愈，不只是社会性的意义，更是精神凝聚力的来源，而乡村就是守望这份精神凝聚力和社会黏合力的根基，是这个民族之所以历经磨难却有着强大的再生能力的根基，是中国近现代一次次经历政治的、经济的风浪而能够站稳脚跟的根基，是中国不以宗教立国，却有着家国天下的共同信仰的根基。这个根基需要每个人尽心竭力地护养，更需要决策者高瞻远瞩地护佑。

作为乐和家园的共建者和研究者，我们切实地感受到植根于乡村的文化自信，也深深感受到以儒家思想为代表的优秀传统文化之于中国当代社会治理何其重要，以及一个民族拥有文化自信何其重要。假如社会治理者不了解自己的固有文化，对外来思想的判断就会失去准绳，而水土不服的社会治理方案也会出现偏差并承受过高的社会代价、环境代价和文化代价。只要我们踏踏实实地发掘那源于中华道统的话语体系、认认真真地进行那基于乡村社会、根于乡土文化的乡村振兴，就一定能实现从乡村开始的中华文化的伟大复兴！

乐和家园是一场尚未完成的乡村振兴实验，经历着曲折和挫折，也孕生着成果与希望。从灾后重建的四川大坪村，到杭州上虞的项家村，从黔西南贞丰县的布依族山村，到重庆酉阳县的土家族山寨，从西南重庆的巫溪县南岸区、到中部的湖南长沙县、再到东部的山东曲阜市，地域经济不同、地方风俗各异，都有过治理与振兴的成效，说明以传统智慧激活社会治理、以社会治理推动乡村振兴的路径是有规律可循的。

与其他乡村振兴的探索一样，乐和家园也是一个需要时间的过程。一个新生儿需要十月怀胎，百年巨变的乡村建设需要长时间的甚至几代人的努力。作为一场尚未完成的乐和实验，有着太多的不足有待解决，太多的困境有待突破，太多的艰辛有待援手，太多的课题有待深化。但在过去十几年中这么多人参与的实践以及积累的经验，仍然有可能为今天的乡村振兴提供有益的思考。其中已经取得的和曾经取得的成果，仍然有着历史的和现实的价值。

"国无德不兴，人无德不立"，这是习近平主席给国人的重重的警句，让人回想起百年前那位沉湖的儒者梁济留下的沉沉的警言："国性不存，国将不国。"也让人回溯两千五百年前孔子的深深的警示："自古皆有死，民无信不立。"这一切都在提醒着乡村振兴的重心和初心，这就是中国精神的振兴！

中华文明作为世界上唯一没有中断的文明，为人类未来留下了两样走出困境走向未来的宝物，一是天人合一的中华文化，一是承载和养育这一文化的中国乡村。以乡村社会为根的中华文明，携带着中华民族的兴衰密码。

乡愁，是中国人对乡村母体的眷念与牵挂。在饱受工业化城镇化冲击之后，中国的乡村如何能够振兴？传统的公序良俗如何能够重建？回乡人如何实现乡村梦？城里人如何回报乡村情？愿这场历时14年，历经川渝湘鲁黔浙上百个乡村的乐和实验，能为您提供系统而切实的参考。

也让我们一起，用思考和行动回答这个重大的历史课题：

怎解乡愁？

目 录
CONTENTS

第一章　用乐和治理重构家人社会

第一节　用乐和思维建设乐和家园 …………………… 005

第二节　用"一站两会"实现社会共治 ………………… 015

第三节　用"三事分流"实施责任共建 ………………… 038

第四节　用"投入改革"实行利益共享 ………………… 051

第二章　用乐和治理催化价值共识

第一节　大院的礼治 …………………………………… 079

第二节　书院的六艺 …………………………………… 096

第三节　庭院的家风 …………………………………… 119

第三章　用乐和治理带动经济共富

第一节　乡村经济需要社会建设 …………… 144
第二节　以共生视野探索共创经济 …………… 149
第三节　从单一农田到共享农园 …………… 158
第四节　城市人到乡村寻根问道 …………… 171

第四章　用乐和治理促进生态共建

第一节　顺天应时的绿色人居 …………… 190
第二节　法天则地的绿色产业 …………… 203
第三节　敬天惜物的绿色生活 …………… 215

第五章　用乐和治理营造生命共惜

第一节　关注乡村养老 …………… 236
第二节　关爱乡村儿童 …………… 251
第三节　关心乡村妇女 …………… 264

尾　声　乡建人才培养思路 …………… 279
后　记 …………… 297

第一章 用乐和治理重构家人社会

第一章 | 用乐和治理重构家人社会

中国的乡村,曾经是一个以家庭的中堂文化、族群的祠堂文化和村社的学堂文化三位一体为根基的乡土社会。家族性的自然社区组织是处理村庄公共事务的主要力量。新中国成立后,原有的自然社区组织解体,自然村变身为"生产队",归行政村也就是"大队"管理。改革开放以来,中国社会快速转型,改制后的企事业单位由原来政治、经济、社会三位一体的复合型功能转变成了以经济生产功能为主,附带少部分的社会福利,同时市场经济的大潮也改变了农村自然社区。

随着城市化的加速,精壮劳力涌向城市。市场的力量解放了农民,也解散了农民,年富力强的个人与家庭的收入越来越多,家庭和村社中的各种矛盾却长期累积。为了降低行政成本,行政村的规模越大,群众参与社区事务讨论的难度就越大,群众个人的影响力就越小,参与的热情就越差。虽然党和国家强调工业反哺农业、城市反哺乡村,不断加大对农村的投入,但是国家对农村的支持主要体现为发放补贴、改善工作设施和设备,并不以提高社区组织化程度为主要目标。

基于行政村而不是自然村建立起来的村委会管理系统呈现出诸多问题。一方面村支两委凝聚力减弱,与大多数群众分离,导致沙粒般的各家各户处于分散状态,对公共事务漠然并缺少集体处理公共事务的能力;另一方面是村镇有限的人力难以承担各个自然村繁多的公共事务,大量的惠民政策和资金通过狭小的行政管道进入,又缺少集体力量的监督,有的地方成为小部分利益集团的温床。

当乡村自然社区组织解体,而行政村建制的村委会无力为千万家农户提供相应的公共服务的时候,怎样营造共建共治共享的乡村共同体,如何重构差异互补共生的家人社会,这是乡村振兴的关键问题。在历时14年,历经川、渝、湘、鲁、浙等地的乐和家园实践中,我们对此进行了有益的探索。

第一章 | 用乐和治理重构家人社会

第一节
用乐和思维建设乐和家园

2014年10月13日，习近平总书记在中共中央政治局第十八次集体学习时指出："一个国家的治理体系和治理能力是与这个国家的历史传承和文化传统密切相关的。解决中国的问题只能在中国大地上探寻适合自己的道路和办法。"这给所有从事社会治理工作的人指出了方向。乐和家园的实质，是探索用中国文化与中国精神来解决城乡社区治理的方案。

中国传统的乡村社区治理，主要是通过家庭和家族的治理来实现，而家庭和家族治理又主要通过德治来开展。在国家治理层面，这样一个超大规模的国家，除了延续从秦朝开始就建立了郡县制的文官治理系统外，最主要的是认同一种超越宗教的价值系统。尊道贵德、仁民爱物、修身齐家、协和万邦等共同的价值认同又被称为道统。正是尊道贵德的信仰体系、以道为宗的教化体系和唯道是从的治理体系，构成了道统、学统和政统，构成了道统文明，这就是中华文明中国家治理的顶层设计。而在基层社会，其治理体系主要包括乡村"三堂"，即公共空间的祠堂、学习空间的学堂和家庭生活空间与信仰空间一体的中堂。通过体现在"三统"和"三堂"中的文化认同这条纽带连接基层，实现国家治理，这是中华民族几千年来能够生生不息的奥秘之一，而中华共同体文化就是这个文化认同的根本。

在当代社会，要传承和创新中华共同体文化，需要找到一种通俗的理念和话语，与传统相通又与现代相连，为政府认可又为社会认同、百姓接受，"乐和"就是这样的话语之一。

"乐和"源于"天地人和、乐在其中"的古老智慧，体现着"和而不同、天下为公"的大同理想。用基层干部的语言来解读，是社会主义的核心价值、生态文明的绿色方向、中国文化的传统智慧相融合的通俗词汇；用梁漱溟先生的乡土文化来概括，是"向上之心强，相与情意厚"的中国精神的现代表达；用新潮的话语来描述，"乐是和的表情，和是乐的心情"；用村民的语言来表达，"乐和就是一家人"，"乐和就是一条心"！

如果从儒释道医各家找到一个字来描述共同体思维，那就是"和"。儒家说"和也者，天下之达道也"；道家说"万物负阴而抱阳，冲气以为和"；佛家说"身和同住，口和无诤，意和同悦，戒和同修，见和同解，利和同均"；中医更是以"精气神和"作为生命之本。仁、义、礼、智、信的每一种德行，核心都是和，诗书礼乐、琴棋书画、医道养生、茶道太极、孝道伦常，核心也是和。乐道尚和是中国文化的共有特质。

子曰:"君子和而不同,小人同而不和。"和而不同作为生命共同体的凝练表达,昭示了"乐和"的三个特质:第一是差异性,第二是交互性,第三是整体性。差异互补共生构成了生命共同体、家庭共同体、民族共同体,以及人类命运共同体。

一、乐和思维是多元思维

差异性思维就是尊重个体生命的多样性,因时制宜,因地制宜,因人制宜,因村制宜。每个乡村能够生存下来都有其独到的生存智慧,不能用一个单调的雷同的乃至工业化的标准来评判和切割。

乡村建设中,特别需要注意的是被工业化思维绑架。工业化生产和工业化教育一样,其思维方式就是同而不和,在狭小的空间里,为某些褊狭的标准殊死竞争。而乡土思维、乐和思维有点像生态农业,和而不同,在无限多样性中绽放。就像大自然的每一片雪花、每一片叶子都不同,那是无限多样性。田野里,黄瓜茄子西红柿千姿百态,个个生气勃勃,生机盎然。

尊重多样性,往深处走是发现和尊重各自的内在性与自主性,就像一粒种子的生命力是内在赋予的,是自主生长的。

自治是几千年乡村治理的传统。乡村公共事务的处理就是乡村共同体的主要内容，包括邻里关系、环境保护、生产协作、物业管理、养老养生、孩子教育、矛盾化解以及和每个家庭与个人相关的乡村公共事务。这些公共事务在古代社会是由"自然社区组织"来完成的，新中国成立以后主要由生产队组织完成。而改革开放以来，乡村生产队的中青年外出打工，自然社区组织解体，公共事务无法处理，更谈不上处理的方法规则。如何重建自然社区组织，就成了重建乡村共同体的关键。

在乡村工作中，如果习惯于以行政命令式的方法要求村民，就会影响村民自身的主动性和智慧。个体生命的内在性本身就潜藏着自主性，就像自然界所有的种子，都是自己要生长的。乐和家园所有的经验汇集在一个点上，就是通过互助会的建立激发了村民的自主性，这就需要政府给村民足够的信任和赋能赋权，相信和尊重村民的自我管理能力和潜力。

二、乐和思维是互补思维

一个乡村一个社会就像一个家庭一样，是不同的人聚合而成的差异互补共生的共同体。关系，是构成乡村共同体的关键，包括村民之间的关系、村民和外部世界的关系，特别是村民与社会和政府的关系。

关系总是双向的,否则就谈不上关系。比如在家庭里,如果没有真正的无控制无苛责的"父慈",去要求"子孝"只能引起反感。在《论语》里,孔子总是强调这种双向性,强调仁爱、忠恕、恭敬是相互的,是彼此的,而且总是先要求居于上位的君与父,然后才要求居于下位的臣与子。一个社会有差序,也应该有差序中的平等。在乡土中国,生命个体保持着与家人、家庭、家族、家乡、家国的横向联结,及孝亲、敬祖、法天的纵向联结,个体生命的现实联结通过村民的自然社区组织来实现,通过祠堂这样的共同空间来实施。

双向的联结必须是互动的,否则就是僵死的联结;互动又必须是良性的,否则就会给构成关系的各方造成伤害,比如吵架也是互动,但不是良性互动;比吵架更可怕的是冷漠。我曾听一位基层干部说,以前收农业税的时候,有时候会发生摩擦或者争执。但是这些年里,免了农业税之后,连摩擦争执的互动都消失了。干群之间变得有隔膜甚至冷漠,彼此之间的怨气反而会不时地通过一些非正常的渠道发泄出来。

怎么才能有良性互动关系呢?所有的儒家经典都在告诉我们答案——本于仁、基于义、行于礼、源于智、成于信。子曰:"义以为质,礼以行之,孙(逊)以出之,信以成之。"(《论语·卫灵公》)结合社会主义核心价值观,差异性更注重自主和民主,而交互性更强调平等,当然儒家的平等是礼序平等,五伦十义里的五伦结构中有差序,这是天生的自然格局中形成的关系。儒家尊重这种自然的序位,就像中医尊重各个脏器的不同功能及其相生相克的关系,各安其位,各尽其责,敦伦尽分。

乐和思维构建乡村的良性互动关系有三个路径:第一,通过家风建设加强家庭成员之间的良性互动;第二,通过乡村社会组织建设建立社会成员之间乃至乡村社会组织与外部世界的有机联结与良性互动;第三,政府和社会组织之间,通过赋权"互助会"和建立"联席会"构成良性互动关系。

2008年四川彭州通济镇大坪村乐和家园启动

三、乐和思维是整体思维

乐和思维是整体思维，把世界看作一个有机的整体，阴阳平衡，五行协调，每个部分都彼此依存；将乡村作为一个由社会组织系统、文化价值系统、经济发展系统、环境管理系统以及生命健康系统组成的大系统，把社会、文化、经济、环境和健康作为一个有机整体来系统思考，将"乐和治理""乐和文礼""乐和生计""乐和人居""乐和康养"视为相辅相成的整体系统来营造。

乐和思维是全息思维。根据现代物理学常识，人们追求的物质发展，其实只占宇宙的 5%，宇宙还有 25% 是暗物质，70% 是暗能量。全息思维对于乡村治理的意义，就是帮助我们从有形的物质世界进入无形的能量信息的世界。不应该只着眼于有形的物质方面，而要去发现和发掘几千年乡土文化无形的遗产；不应该把一些虽然看不见但是延绵和维系了几千年的、也许现代科学还没有能力破解与理解的习俗斥为迷信而摈弃，而要用有形与无形的整体全息的世界观去看待整体的乡村世界。

乐和思维是公益思维，激发村民的公共精神以实现共同的福祉。因为"大道之行也，天下为公"，所以应"选贤与能，讲信修睦。故人不独亲其亲，不独子其子，使老有所终、壮有所用、幼有所长,矜寡孤独废疾者,皆有所养"。所以乐和可以凝练地表达为"和而不同、天下为公"的精神,可以通俗地表达为自立、互助、公益的精神。总之,乐和思维就是共同体思维。

2010年重庆巫溪县白鹿镇大坪村推选乐和互助会代表

中国的共同体意识本质上是家人意识,中国社会本质上是家人社会。中国人理解的家并不只是搭伙过日子的地方,家是由个体的差异性、彼此的互依性和整体的共生性构成的生命摇篮,家是既有情感又有规则的社会细胞,家是最能尊重个体独立性又能维护共同性的生活空间,家是让个体生命安放存在感、归属感和归宿感的命运共同体,由此构成家庭共同体、家族共同体、家乡共同体、家国共同体乃至人类命运共同体。

如果说社区是城里人的新家乡，乡村就是每个人的老家乡，对老家的血脉联结就是解不开的乡愁。新家乡的建设需要老家乡的文化滋养，更需要与老家乡精神的、现实的联结。梁漱溟先生认为，乡村社会是中国有形的根，道德文化是中国无形的根，道德文化的核心就是共同体意识，或者说一家人意识。无形的根需要有形的根支撑，有形的根需要无形的根滋养。如果乡村社会解体，乡土文化缺失，乡村社会只靠行政力维系，那么即使网通路通，人们也很难找到自己的家园。

乐和家园就是以乐和理念重构家人社会。具体说来，是用"一站两会"即社工站、互助会、联席会实现社会共治；用"三事分流"即大事政府办、小事村社办、私事自己办，来实施责任共担；用"投入改革"来实行权责对等的利益共享；形成一个"以党委政府为主导、以村民居民为主体、以传统文化为主脉、以社工服务为助力"的共建共治共享的社会治理格局。

中华共同体文化基于其共同体的根脉，它就在乡村。无论这棵大树的枝与叶如何伸展，都有一个根基，它就是乡村。家人社会作为对原子社会的修复和疗愈，不只是社会建设的意义，更是精神凝聚力的来源。乡村就是守望这份精神凝聚力和社会黏合力的根，是这个民族之所以历经磨难却有着强大的再生能力的根，是中国近现代一次次经历政治的经济的风浪而能够站稳脚跟的根，是中国不以宗教为主导却有着家国天下的共同信仰的根。这个根需要我们每个人身体力行地护养，需要决策者立意高远地护佑。固本强根，就是乡村振兴的关键之所在。

2015年山东曲阜乐和家园村民诵唱《礼运·大同篇》

第二节
用"一站两会"实现社会共治

在治国理政上，中国古代思想家讲求以民为本。《尚书·五子之歌》提出"皇祖有训，民可近不可下，民惟邦本，本固邦宁"的古老政治律令。中华文化的乾坤之道不只是哲学概念，而是社会系统。在这个系统里，政府是阳，社会是阴，孤阴不长，独阳不生，只有阴阳平衡、阴阳共生，才能形成一个健康有序而又公正温情的社会。如果只有高高在上的政府而没有敦厚活跃的自然社区组织，就会阴阳失衡，甚至阴阳离绝，这种阳上阴下的卦象在《易经》里是为"否"卦；反之，如果阳在下位，阴在上位，阳气向上升，阴气往下沉，则阴阳交合天地相通，是为"泰"卦。这是儒家思想主张"民为贵，社稷次之，君为轻"的阴阳之道，也是中国共产党为人民服务、做人民公仆的为政主张。

在基层工作中，特别是在乡村治理实践中，我们发现一些长期困扰而又无法回避的现实问题，那就是：民生投入越来越多，群众的满意度却没有随之提高；物质条件越来越好，群众的幸福感并没有随之提升；政府管得越来越细，社会的和谐度并没有随之增强。其中一个重要原因是，数以万计的群众无法通过自然社区以组织化的形式实现自我服务；政府提供单一的公共服务，已经完全无法满足社区群众多样化的需求。

乐和家园的同人们根据中国文化的民本思想和党的群众路线的一贯主张，正视现代化过程中由于"阴虚"引起的阴阳失衡以及阴阳错位的问题，并通过党建引领，以社工站为技术支持、互助会为自治基础、联席会为共治平台，积极培育社会组织成长，发挥社会组织作用，把"走群众路线"落实和深化为"走群众组织路线"，用共建共创共同体的理想凝心聚力，让村民居民因为拥有主体感、参与感、获得感而增强共同创造的幸福感。

一、以社工站为技术支持，提供专业服务

社工站是党委政府在行政村设立的社会工作平台，是以社会化服务为方向，健全基层综合服务管理的落地机制。社工站由乡镇政府主管领导担任站长，项目点社工担任执行副站长。社工站坚持党委政府主导与村民自治相结合，尝试用社会工作的理念和方法解决社会问题，创新社会治理。社工站对上连接

乡镇和县委政府的工作内容，对下连接自然社区组织，作为联席会的参与方，通过联席会与党委政府（镇村）互动沟通，定期向领导小组、乡镇主要领导以简讯或会议等方式进行工作汇报。

社工机构不等于社工站，而是党委政府以购买服务的方式引进的技术力量。以湖南长沙乐和乡村建设为例，2013年5月，长沙县委县政府邀请北京地球村环境教育中心，协同政府实施"乐和乡村"建设公益项目。双方在遵循"党委领导、政府主导、村民主体、社会参与"的原则基础上，以政府采购公益项目服务的方式，签订了为期三年的合作协议。北京地球村环境教育中心通过培育乐和社工，孵化长沙县乐和社工协会，为政府主导的"乐和乡村"建设，尤其是社会治理创新提供理念和技术支持。

对于社工站的组建、定位和功能，长沙县委乐和家园办公室在2013年至2016年的乐和乡村项目报告中做了完整的描述：

首先，县委成立项目建设领导小组，统筹督导"乐和乡村"项目的实施；在镇、街道和村层面，通过指派专人对接、支持大学生村官参与、保持信息沟通、保证基本硬件、纳入行政考评等方式，让"乐和乡村"项目实际成为长沙县政府社会治理创新工作的重要内容。

社工站是党委政府主导的村级社会工作平台，是政府行政管理方式的必要补充。社工组织是党委政府引入社工站的专业技术力量。村级社工站由乡镇党委政府负责人担任站长，村支部书记担任副站长，北京地球村驻村社工组长担任执行副站长，为党委政府的乡村建设工作提供服务。

1. 协同关系

社工机构项目作为执行方，以专业服务的方式进入试点村，从项目的决策到执行，找准自己与政府各个环节合作中的位置，始终强调和维护党委政府的领导地位。

2. 互补关系

在工作遇到困难时，项目执行方依靠当地党委政府自上而下的大力支持，包容吸纳社会组织参与监督，弥补社会组织第三方无法达到的力量要求。

3. 共生关系

社会组织充分发挥其植根于民间且具备专业社会工作能力的优势，在政府行政系统难以触及的乡村社会末梢，探索政府与社会合作解决乡村社会治理问题的长效机制和长治久安之道。

社工的主要工作内容和基本方法包括以下六项:

1. 社会调研,脚要扎下来

围绕项目目标和任务,运用入户走访、关键人物拜访、骨干座谈、群众会议、社会观察、田野调查等方法,了解乡村的基本情况,调查村民自组织的意愿和能力,做到发现问题、了解需求、提供服务、建立关系、寻找骨干、动员群众。

2. 社会组织,人要聚拢来

通过社会调研,社工对村民小组的基本情况做基本了解,取得村民骨干支持之后,在村支两委的主导下,组织发动召开户主大会,推选出乐和代表,成立互助会。

3. 社会教育,课要讲起来

社工在与村民的日常交流过程中、各种活动开展之前,进行理念传播,以情动人、以理服人,达到社会教育的效果,让教育融入生活,让生活成为风景,让风景成为产业。

4. 社会活动,事要做开来

小型活动通常发生在自然村(村民小组)或单个行政村层面。社工通过组织发动,引导村民自发开展活动,其目的在于凝聚人心、增进村民之间的沟通与交流，包括 24 节气活动、传统礼仪活动等。大型活动通常发生在不同行政村（试点村）之间。社工组织试点村之间进行各种文艺展示、竞赛等，其目的在于增进各试点村之间的相互交流、学习等。

5. 社会宣传，美要晒出来

积极宣传在项目建设过程中涌现的好人好事，把好人好事变成公益热点事件，传播"正能量"。邀请媒体记者进行跟踪采访报道，同时，拓展村级层面乃至自然村层面的宣传渠道，例如：葛家山村《乐和小报》，让本村不同村民小组之间互通有无、共同进退。在县级层面，建立每月一期的《乐和乡村简报》、每周一期的《乐和乡村快报》，以"快、准、稳"的节奏有效报道传递"乐和乡村"建设讯息，实现整个社会层面的更大社会效应和影响力。

6. 社会记录，史要记下来

包括日常工作记录及重大事项活动记录，例如入户调研、成立互助会、开展 24 节气活动、旅游生计接待、社会治理来访交流考察等。

乐和社工的上述任务中有两个关键点：首先是传播乐和理念，协助政府建立乐和互助会。社工给村民讲解乐和理念的基

2015年湖南长沙县的乐和乡村社工服务覆盖48个村

本思路是"和"不是"分"——什么是和？差异互补共生才是和，就像舞龙，龙首、龙身、龙尾是互补共生的关系，缺一不可；同时，告知村民"分"与"和"的意义：和对个人到底有什么意义，只有和才有个人的安全和幸福。社工要会举例子，比如有四兄弟赚了很多钱，认为没有乡亲也可以。结果他们的老父亲去世了，居然没人抬棺材，这是很丢脸的事情。他们给钱都没人去，最后只好一户一户去求。

其次，社工还要善于引导，激发村民自身的潜力。这可以从"个人利益与集体利益"的利害关系谈起。一个孩子经常偷盗，你会安心吗？你喜欢冷漠、自私自利的生活吗？要充分论证：只有联合起来成为一家人，才能有更好的生活，获得真正的快乐、幸福和健康。村子好了，个人才会好，大家是一个共同体。大家成为一家人，才会相互关照，才能共同打造品牌。当人情冷漠了，环境污染了，身体搞垮了，谷子卖不出价等等，影响的不仅仅是集体利益，同时也是个体的利益。村民可以团结起来，互帮互助，重新恢复守望相助的邻里亲情和传统道义。

乐和家园社会工作之所以能够调动村民的活力，一个重要方法就是让村民看见自己的内在性。我们组织了文化活动，往往会用影像让村民看见自己，那个时候你会看到村民眼里有神，脸上放光。我们在傍晚把活动的展板挂在村道的墙上，夜里竟然有村民三三两两地把脸凑在墙上看图片中的自己，有的还打手电筒来寻找图片中的自己。这些场景都深深地打动着我，让我看见这些普通生命"看见"和"被看见"的内在诉求。

彭景辉是双冲村的老支书。数十年来，他躬耕于田野，倡导绿色环保和有机耕作。在离开双冲村的书记岗位后，他隐居山林，自己采用有机种养的方式种稻谷、蔬菜、茶叶，养殖猪、鸡、鸭，很少过问双冲村的事宜。不过，凡是熟悉彭景辉的村民都知道，他虽身在山野，却将乡村建设、食品安全、环境污染等社会问题系挂在心，并对双冲村的建设很有见地。双冲村的社工团队在了解了这些情况后，多次前往拜访，听老支书介绍双冲村以及讲述他对乡村建设及农业发展的想法,并向老支书介绍"乐和理念"。

在经过多次的交往后,双冲村社工一致认为,老支书彭景辉是"乐和双冲"最佳的"乐和代表"。社工们决定劝老支书出山,为双冲村的"乐和乡村"建设出谋划策、贡献余热。虽然老支书一再表示:"如今,大家都只追求利益,追求效益,以前的锄头变成了现在农药桶的喷头。土地污染严重,食品安全问题频发。"他对此忧心忡忡,却不能改变现实,"所以,我只能改变自己,不去采用化学农药,其余的我管不了,也管不动"。但是,社工们看得出,老支书有一颗关心社会的心。所以,社工坚持做老书记的动员工作。终于,老支书答应了"出山"。他充分肯定了乐和理念,决心把大家团结起来,一起建设乐和乡村。

"乐和社工"作为社会工作的专业力量,并不是要做乡村建设的第一推动力,而是要做乡村建设的第一助推力。因而,在工作中,社工要去充分发现乡村内部的建设力量——他们就是像彭景辉老支书这样的"乡贤"。作为乡村内部的社会成员,乡贤有人缘、有口碑、有见识、有责任和荣誉感,并且容易取得村民的信任和支持。由他们来做乐和骨干,能够让乐和乡村建设事半功倍。发现乡村乡贤,需要社工们独具慧眼,而发动乡贤参与乐和乡村建设,则需要"晓之以理,动之以情,诚心诚意"。

社工站的主要功能，除了直接提供技术服务，通过六大技能发挥五大功能外，还有一个重要的功能就是培育社工，培育本地社会工作人才。培养目标包括职业社工和非职业社工，如社区社会组织骨干乡贤；培养内容包括提高村居干部的社会工作能力，并通过社工组织自身的专业组织管理、项目管理、信息管理、财务管理等自身能力建设，使大家成为有人生理想、社会责任、综合素质和职业技能的社会工作人才。

此前，长沙县乡村从未建立过基层社工站，即使有社会组织想参与到乡村建设中来，也只是临时的、短期的，其中一个重要原因就是缺乏一个社会工作平台，社会组织难以长久持续稳定地开展工作。长沙县以乐和乡村建设为契机，成立基层社工站，是一次大胆尝试，也是一次创新。社工站的成立为社会组织的专职社工提供了稳定的工作平台，推动和促进了基层行政工作者吸纳社会工作理念，改进工作方法。

二、以互助会为自治基础，落实村民自治

乡村治理本质上是乡村社会的建设，乡村社会的建设本质上是乡村社会组织的建设。被潘维教授称为"自然社区组织"的互助会，是基于自然村或者村民小组的互助性、服务性、公

益性社会组织，具有本土性、扁平性、伦理性、综合性和志愿性的特点，是切实落实中央一号文件，将村民自治落实到村民小组，切实建立村民主体性意识的有效组织形式。

如何把村民组织起来？靠行政的方法是很难奏效的，这就是专业社工的社会工作方法发挥作用的地方。在从西到东、从南到北的乐和家园试点村，有许许多多这样的通过调研、倡导，发动村民通过自荐、村民推荐、骨干举荐等方式促成互助会成立的故事。

互助会的骨干是互助会代表，村民在政府的支持和社工的帮助下，以村民小组为单位，经由村民公开自荐、推举和选举结合而产生，是村中热心村社事务、享有良好口碑的人群。互助会代表不拿薪资报酬，属于志愿者，志愿者的身份使得他们在村民中享有特殊的感召力和说服力。在温饱问题基本解决以后参与公益的愿望，让他们对于村民的信任有一种特别的责任。自然社区互助会修补了基层治理中的组织断层，把村民自治落实到村民小组，让党员和村民代表在其中更好地发挥作用，让不是党员也不是村民代表的村民们也能够有机会成为乡村贤达，从而将公共服务，特别是公共文化服务落实、落细、落小。互助会可以承担许多公共事务，包括周边环境保护、邻里矛盾化解、日常文体活动、孤寡老人照顾、儿童关爱等责任，是支村两委工作的有效补充。

在乐和家园试点村，通常互助会成立之后第一件自动去做的事情就是垃圾管理。通过联席会讨论各自的责任，互助会负责组织和管理，村民们义务分片管理垃圾和定期清扫，村支两委负责协调垃圾转运的事务。很快，乡村垃圾事务就得到了解决。曾经以"自私"闻名全县的巫溪羊桥村在成立了互助会后，做的第一件事就是动员村民作为志愿者去梳理羊桥河中30年没有清理的垃圾。上磺镇领导闻讯赶来对村民说，这是公共区域，应该给你们一些补贴吧。一个村民说："这个是我们自己的家园，怎么要补贴呢？"领导又说，那就给一些纪念品吧。另一村民说："哎呀，给我们自己干活都要给纪念品，你给得起吗？"

在长沙县双冲村，简东源组互助会成立环保小队，疏通沟渠，除草保洁；金鼎山村的互助会把公共环境卫生划分到户，全方位开展村民室内室外、房前屋后、村道社道及公共场所的卫生整治，并定期组织评比。山东曲阜的一些互助会组织推广用厨余垃圾做环保酵素，用实际行动向村民证明环保酵素的功效，减少化学洗涤剂对于农田和水源的污染。

一些建设工程中的矛盾也由互助会处理。湖南长沙县双冲村木鱼神组公共设施建设过程中，选择了外地价廉质优的砂石，结果引起本地砂石供应商的不满，他们纠集地方黑恶势力公然阻工。互助会发动全组村民出面，利用大家的力量威慑住前来闹事的人。木鱼神组村民们对肇事者说:"这是我们自己的工程,你要阻工就是和我们大家为敌。"短短几十分钟就化解了矛盾,工程的进度没有受到影响。

"我们自己的工程"意味着"我们自己的责任"。像这样的感人事迹还有很多,但都基于一个简单的常识:尊重和激活村民居民的主人翁意识,因为他们本来就是这里的主人。而这个主体意识或主人翁意识是让村民自发组织起来,有权利决定自己的事务。基层政府的一个重要任务就在于激活和培育村民这种能力,并由此提高自身的治理能力,同时让村民在这个过程中学会理性地表达和积极地参与,真正成为家园的主人。

2013年长沙县金坑桥村村民自荐成为乐和互助会代表志愿为大家服务

乡村包含行政村和自然村。自然村又被称为村民小组。每个行政村通常要统管十几个甚至数十个村民小组，而每个村民小组则有着几十户乃至几百户的农户。每个行政村的村支两委只是行政村层面的负责人，编制少的只有3人，多的也只有7人。

显然，即使村支两委的工作人员每天工作24小时，也不可能承担起一个行政村全部的公共事务。并且，村支两委承担的不仅仅是村社的公共事务，作为政府基层政权的末梢，还有很多上级政府部门所安排的工作和任务。"手不够、精力有限、事务繁杂"一直是村支两委的沉疴痼疾。

自2010年担任葛家山村支书后，汤长顺就感觉非常累，每天疲于应付村上的"事无巨细"，村民家常常因为一点鸡毛蒜皮的小事就往村支书家跑。经常是早上7点就有人来敲门，晚上12点才送走最后一批客人，电话更是一天到晚响个不停。矛盾纠纷最多的时候，"我堂客一个晚上泡了83杯茶"。

每天疲于招架应付这些"事无巨细"，失去了村级治理的主动权，汤书记备感压力，曾一度想打"退堂鼓"。有一回，他接到一位村民的电话，反映说自己屋后的护坡被雨水冲垮了，希望村上能帮忙解决。风尘仆仆赶到现场的汤书记，看到正在麻将桌上优哉游哉的村民，哭笑不得。其实，他房后垮下的土方也就一两个立方，十担土就可以挑走。面对这样的日常小事，农户想到的不是自己解决,而是等待村委会来帮助……像这样希望村上解决问题的群众"私事"不胜枚举,政府习惯于大包大揽,群众无限度地给政府提要求,结果却是政府出力不讨好。

从 2013 年 6 月开始,葛家山村申请成为第一批"乐和乡村"示范村,汤书记的工作状态开始转变,电话逐渐少了,上门"找麻烦"的村民也越来越少了,村民对公共设施建设的态度也由之前的不理解、反对转变成了理解、支持。

互助会与村支两委是什么关系呢?是拾遗补缺、强身健体的互补关系。所谓"拾遗",是指通过在村民小组层面建立互助会,补充该层面所缺乏的社会组织;所谓"补缺",是指让互助会分担以前无法在村民小组层面落地的末梢公共服务功能;所谓"强身",是指通过互助会这种形式,激发乡贤协同村支两委参与公共事务,增强村支两委的凝聚能力,调和村支两委与村民之间的关系,并且为村支两委输送新鲜血液;所谓"健体",是指通过让互助会参与公共资源的分配以及财务的监督,避免贪腐隐患。

2013 年至 2016 年间,长沙县"乐和乡村"项目共成立互助会 266 个,互助会自发组织村民召开会议 1793 次,义务投工投劳 2.6 万余个,筹集公共资金 898.46 万元。2013 年以来,重庆南岸区三个项目点的互助会总数达到 28 个,其中东路社区 13

个，福民社区 6 个，峡口乐和谷 9 个，一共有互助会代表 208 人，召开互助会会议 170 多次，处理社区公共事务与开展社区活动一共 210 多场。

2016 年酉阳县楠木桩村互助会讨论如何分担公共事务

在这个过程中，我们看到了信任的力量。政府与村民的彼此信任以及村民之间的互相信任，使得一大批自然社区组织把分散的村民联系起来，为他们参与乡村公共事务决策创造了条件，唤起了村民的参与热情和公益精神。一批"新乡贤"也因此涌现出来，"先进"带动"后进"，良好的道德风尚得以传播和弘扬。

如何发挥党员的先锋模范作用呢？在乐和家园建设中，推选互助会前要开党支部会议，推荐优秀合适的人选；在推选的当天，动员党员积极参与推选村民骨干；在平时的社会组织活动中，党支部动员党员积极发挥带头作用。就这样，共产党员有了村庄互助会这个社会组织平台，成为社区中被推举的现代乡贤和社区贤达，从而可以更好地发扬密切联系群众的传统，积极担当社区的公共事务，并与这些群众组织的骨干形成常态的沟通融合关系，从这些组织获得自我成长的压力和动力，更好地起到先锋模范作用。

三、以联席会为共治平台，落实民主协商

如果说互助会是社区共同体的自立自治基础，那么联席会就是社区共同体的协商共治平台。联席会是党政主导的共治平台和社会协商机制，由村支两委、互助会、社工组织和其他共建单位等多方组成。联席会坚持民主集中、少数服从多数的原则，实施大事政府办、小事村社办、私事自己办的三事分流、礼法合治的方法，公平合理地商议和处理乡村公共事务，包括公共资源的分配和公共责任的分担。

联席会原则上每月召开两次，根据工作需要可临时召开。村支部书记作为联席会主席，成为召集和主持联席会议的主

导,各村民小组的互助会会长、秘书长是联席会的主体,社工则为开好联席会提供技术服务,为参会者提供会议流程和规则的培训,比如了解情况、商议主题、会议筹备乃至做记录和会议纪要等,使得联席会成为基层民主协商制度的有效载体。

联席会是巫溪县乐和家园建设的常态化机制

联席会的程序通常由汇报、交流、讨论、决议几个环节组成,以实现如下目的:其一,保证村支两委的方针政策和行政任务的下达、民情民意的上传,以及对社会组织信息的了解;其二,落实互助会代表们的知情权、参议权、监督权以及分担公共事务的义务;其三,帮助社工组织和相关单位了解情况,以便通过各自的渠道提供相应的公共服务。在意见无法达成共识时，村支书有一票否决权，其他参与者可以保留意见，越级汇报。联席会相关各方互相给力又互相监督，既有民主又有集中，体现着互补共生、和而不同的和谐文化。

楼利坡是长沙县一个村民小组，组周边有50多亩山田，由于无水灌溉，大部分山田荒废了，山渠修缮一直是村民的心结。为了解决此事，组上召开了三次代表会议，申请召开了联席会。代表提出申请修缮山渠，由互助会进行设计、修建、监督和管理，并承诺组级环境卫生达标，工程项目监管分工打包，用最少的钱办最实在实用的事。2014年11月18日，工程正式动工。修建过程中，村民积极参与，集思广益，结合当地的地形地貌，使山渠的修建有了很多个性化的设计。按照这样的设计，村支两委叫来了当地施工老板。施工老板说，如果让他修建，不能低于10万块钱。而楼利坡互助会的预算是6万元，结果修完时，仅花费5.9万余元。余下的近1000元，当作互助会的公共基金。

通过"一站两会"的建立，分散、无序的村民组成了一个团结、有序的集体，村社的各类事务有了进行讨论、协商、分工、合作的组织和方式，村民不仅有了归属感，并且还激发了个体的道德感、责任感和公共意识。村民们主动从自家走出来，聚集在乐和旗帜下共同商量村组事务。集体的利益与对集体的感情让人们再次将村民小组的事情变成了每个村民自己的事情。

可以说,"一站两会"的建设,为社会补了缺,给政府减了负。双冲村的支部书记向文革说:"之前我的群众路线是和两千多村民一户户来往,但没办法让大家都满意。现在我的群众路线就是帮助群众组织起来,引导每个组的互助会'自己的事情自己办',通过联席会使'大家的事情大家商量办'。乐和治理是群众路线的创新。"

在这个过程中,村民对于公共事务从冷漠变得热心,从封闭变得开放,从自私变得公益,并且学会了理性地处理矛盾,表达诉求,解决问题。重庆市巫溪县白鹿镇大坪村以这种路径解决了多年的上访和集访的问题,更多的乡村以这种方式打通了村民和政府之间的沟通桥梁,也化解了以前村民彼此之间的矛盾。村民所采取的方法不是法律的,也不是宗教的,而是道德的和礼俗的,村民们称之为"讲道理"。通过"讲道理",村民之间的矛盾纠纷,不再需要劳烦村委会,由互助会里德高望重的人物出面劝解,就可以调停了事。遇到不能解决的问题,再进一步协商。

社工的主要任务之一是为互助会和联席会提供方法和能力建设。比如与互助会会长沟通,了解情况;与村支书沟通,探讨商量会议主题、协助会议筹备,为参会者提供会议流程和议事规则的培训,包括表达方式等,集合激发各方充分交流,乃至协助做记录和会议纪要等;互助会的能力建设还包括协助互助会撰写每两月一次的工作总结，通常是互助会代表用圆珠笔在老旧的稿笺纸上书写他们化解了几起矛盾，怎么管理的垃圾，大家是如何出工搞小水利的，哪家有困难是怎么帮助的，一些突发事件是怎么处理的，火灾是怎么救援的，抗旱是怎么互相帮助的。还包括一些文体活动，比如外嫁女回娘家等活动的组织和记录。乐和家园的社区共同体建设最为核心的工作就是修复自然社区组织，所以社工站最紧要的工作就是调研和发掘社区能人、贤人，将散落在社区各个角落里的能人组织起来，将默默的互助行为变成公开化、有组织的互助行为，进而

2013年重庆黔江区小南海后坝村多方参与的乐和之家联席会，为关爱留守儿童保驾护航

像酵素一样激活村民固有的自立、互助、公益的精神。

在乐和家园的试点村，凡是村民互助会成立起来的地方，都可以看到以往那些对于公共事务漠不关心的村民跟变了个人似的充满了活力。有的互助会会长放弃自家挣钱的机会为大家无偿服务，让我们非常感动。我问一位会长："为什么愿意这样奉献？"他说："乡亲和政府这么信任我，我当然要拼命干好啊！"这就是当家做主的主人翁意识所激发的自信的力量。这种力量源自每个个体生命的多样性、内在性和自主性。这是人的本性。

潘维教授曾专程到巫溪考察，并于 2012 年完成了一份七万字的研究报告——《维稳与久安之道》。这个报告如果用一句话来表达，就是重建自然社区组织是中华久安之道。如果用群众路线的视角来分析，就是把"革命党的群众路线"转化为"执政党的群众路线"，让干部生活在群众中，群众活动在组织中，组织扎根在自然社区中，最终实现把群众组织起来。发掘群众天然的组织资源，找到了群众与干部交流的话语系统，找到了群众与干部密切接触的组织机制，也就找到了执政资源——新时期的群众路线。这种从强调"覆盖"转而强调"参与"的"新时期群众路线"，催生了四个效果：人民办"小事"容易了；基层政权的作风改善了；社会公德复兴了；党和政府重获人民信任了——"大事"也就好办了。

中国社会科学院社会发展研究院社会发展战略与政策研究室主任葛道顺研究员在考察长沙乐和乡村之后指出："在长沙县乐和乡村建设过程中，县委县政府尊重了农民的自主性和首创精神，通过扶植农民在村民小组成立互助会，创新并增强了联系群众的工作纽带，有效地激活了基层乡村治理的社会活力。"

互助会、联席会不仅仅是基层民主意义上的创新，更是一种道德复兴的创造，激发村民居民的互助之情和向上之心。原子化的、沙粒般的个人一旦成为组织起来的"一家人"，就能够激发道德感和责任感，并从中获得幸福感。而政府因为把小事，也就是村社公共事务，交给了自然社区组织，减轻了负担，激发了社会组织活力，融洽了与群众的感情，集中精力办好大事，提升了现代执政能力。公共服务，在这里不只是一种操作性的民生，而且是一种学习过程，对于服务者和被服务者的公共精神的培养、君子人格的引导，具有一种特别的教化功能。

第三节
用"三事分流"实施责任共建

《中庸》曰:"至中和,天地位焉,万物育焉。"一个群体中,所有人都能各安其位、各负其责,这个群体就能欣欣向荣、生生不息。在中国现代化的进程中,原有的以家庭家族家乡家国为谱系的社会组织系统解体;后来,以行政方式组建的单位制"大家庭"也随着市场化而解体。大量的社区公共事务、私人事务都被政府包揽,其结果不仅让政府不堪重负,也抑制了社会的活力,更严重的是削弱甚至消弭了社群和个人本应承担的责任。责任的落寞会造成以担当为本色的中国精神在根本处被瓦解。

为了实现政府职能转变,改变政府在处理基层事务中大包大揽、不堪重负的管理方式,乐和家园的同人们采纳了潘维教授关于将公共事务分为"大事"和"小事"的思想,并且根据社会工作的思路,把"私事"也纳入整体的社会治理视野,实施三事分流的方法,即大事政府办、小事村社办、私事自己办的责任共担。

"三事分流"是开展基层议事协商时,将群众诉求和矛盾问题按照"大事""小事""私事"进行分类处理,合理界定政府部门、社区组织和居民群众个人的职责边界和互补共生关系。"大事"和"小事"都是公事,"大事"是大公事,即政府管理事项和基本公共服务,由政府部门负责解决;"小事"是小公事,即社区公共事项及公益服务,由村居委会为主导,社区自治组织、社区社会组织和社会单位等共同解决;"私事"即居民个人事务,政府引导居民群众自行解决或寻求市场服务。

三事之间的关系不是绝对的,而是相对和弹性的:

第一,三事是包容互嵌而不是彼此分割的关系。三事分流中的三事不是独立的三类事情,而是大事中间包含着小事,小事影响着私事,私事也制约着大事。例如"垃圾处理"整体是一个大事,将垃圾清运走是大事,做好社区保洁是小事,每家每户的环保意识、环保习惯以及自觉垃圾分类和投入指定位置则是私事。

第二,三事是动态转化的而不是僵化不变的。原先的大事可能变成了小事,有的私事可能成为社区公共的小事。社区高空抛物如果不进行及时制止和劝阻,也可能成为关乎人命的大事。

第三,三事分流是协作互动而不是各行其是。三事分流中的三事需要政府、社区社会组织以及家庭个人在责任上相互协作配合。社区组织和个人家庭要主动为政府提供做大事的便利，分别从自己的小事和私事来做好配合，而不是基于各自权利多少的"撇清责任、趋利避害"。

第四，三事分流是担责而不是避责。"天下兴亡，匹夫有责"从来就是中华民族的传统美德，开展三事分流不是撇开公众参与，而是找到公众参与最合适的路径和方法。公众对于基层公共事务的参与，既包括对大事的参与，也包括对小事的参与，两者的区别在于公众对于大事和小事参与的程度和方式不同。公众对于小事的参与就是要尊重和激活村民居民的主人翁意识，帮助村民组织起来，让居民村民有权利有能力处理自己的村庄或社区公共事务。而公众对于"大事"参与的一个重要路径就是依法对政府行政决策的知情、参与和监督。因此，需要进一步推进基层政务公开，依法保障群众知情权、参与权和监督权。

"乐和家园"三事分流的治理机制就是这种各正其位的责任传统的体现和创新。它厘清了政府、社区组织和个人事务的边界，使得政府能从琐碎的事务中抽身出来，集中于处理大事而提高了国家治理能力现代化。对于小事的处理，培育社区社会组织来实施，对于私事通过引导和指导来服务，这提升了政府的服务功能，促成了政府职能转化。在这个过程中，社区社会组织加大了对于社区公共事务的担当，个人加大了对于自己家事的担当，而三事之间的边界讨论、相互转化与融合，又促成了政府、社会和个人之间的良性互动，让"各正其位、保和太平"的道统精神成为现代社区的"政统"气象，形成了以三事分流、责任共担为依托的政府负责。

政府负责是对于社会事务的总体负责，特别是负起推进社会治理体系和治理能力现代化的责任。就像一位家长对大家庭负责，并不意味着家里所有的事务都是自己去干，而是要尊重和发挥每个家庭成员的作用。要提升政府的现代治理能力就需要让政府在大事上发挥最佳的效能，按照"大事政府办、小事村社办、私事自己办"的原则，以及权责相应、利益共享的规则，实施公共责任分流。政府部门通过培育各类社会组织、提供政策、提供购买服务等方式来实现政府职能转移以及公共服务外包，通过社会组织来帮助解决痛点问题和满足刚需。村支两委携手互助会处理"小事"，这就需要从区县政府部门到街镇和村居，具有激活社会力量构建社会治理体系的能力，包括引进社工组织提供专业服务，鼓励自然社区的社会组织成立和成长。通过三事分流下放公共事务，通过投入机制改革扶植社区社会组织，通过民主协商和联席会议促进基层参与治理，各方搭建沟通交流机制，相关部门和社会组织整合优化资源投入等。如此，基层政府可以腾出更多的精力完成国家大事，在区域治理大数据、各种政策制定和平台搭建方面发挥最佳效能。同时，社会的活力得以激活，也有助于通过社会的力量促进政府完成反腐倡廉等吏治措施，使得治理体制更加廉洁、公正、高效、昌明。

以下，从三个方面介绍三事分流治理机制：

一、三事分流的起始

重庆南岸区峡口镇西流村实施危旧房改造项目，政府花费巨资邀请建筑公司为当地居民改建厕所，统一修缮屋顶并粉刷墙壁。一夜之间，村庄村容大变样，整个村庄蓝瓦黄墙，无论远近，村民都羡慕称赞。然而，听到当地居民时有抱怨，不是说东家的厕所比自己家的大，就是说墙壁还没有做好。2013年6月，一场大风使约三分之一的房屋屋顶被掀翻。霎时间，村民怨声载道，扬言政府和开发商勾结，克扣工程款，造成房屋修缮工程质量低劣，眼看一场干群矛盾就要发生。

当时我作为社工督导，建议南岸区乐和家园项目领导小组用三事分流的方法来化解矛盾。随后，我来到现场，协助峡口镇政府召开由峡口镇政府、大石村溪流村村支两委以及两村互助会骨干和驻村社工参与的联席会议。在联席会上，大家进行了充分的沟通交流，澄清事实、消除误会、化解怨气，并商议了三事分流中各自的责任：镇政府督促房屋修缮公司进行质量检查与修复；村支两委负责了解受灾具体情况并进行上下沟通；各户以"自己的事情自己办"的精神自力更生解决困难，并通过互助会实施互相帮助克服困难；社工为村居两委和互助会提供可能的社工服务，包括联系志愿者组织帮忙等。整个过程增进了干群沟通和理解，提高了村委会和互助会处理突发事件的能力，激发了村民自立和互助的精神，成为三事分流的一个典型案例。领导小组从此案例入手，在全区推行三事分流工作法，三事分流的理念开始深入基层干部的心中。

实施三事分流工作法，有下述要点：

第一，党建引领是三事分流的前提，保证了在事务分流过程中能够符合党的政策方针原则。

第二，社区组织是三事分流的关键，尤其是分出来的小事由社会组织承担起来。

第三，权责清单是三事分流的抓手，让三事真正落实、落细、落小，最后才能落地。

第四，协商分责是三事分流的路径，分流事务的过程绝不是分配任务，更不是行政要求，而是耐心地多次开会协商。

第五，社区基金是三事分流的保障，只有以公共投入改革为方向的社区基金建立起来，才能为社区社会组织承担小事提供必要的财力保证，也才能让钱成为激发人心向上凝聚的动力，而不是分离人的诱因。

第六，礼法合治是三事分流的文脉，事务分流过程中很重要的是对于惯常性的事务要形成微观细致的处理规则，上升到社区公约与村规民约。

第七，共同家园是三事分流的目标，分流事务是为了让责任共担，人人尽责，营造社区共同体。

2013年重庆南岸区峡口镇大石村首次运用"三事分流"方法化解矛盾

二、三事分流的整体设计流程

所谓整体设计，是在基层治理中，从整体上对容易引起矛盾的公共事务进行全面的调研、排查、汇总、研讨分流和分工设计的工作方法。总结提炼重庆南岸区与湖南长沙县两地的三事分流整体设计方法，从整体来看普遍有以下几个步骤：

第一，调研采访。向村支两委、村民代表等参与治理的单位，收集基层治理的"事务"清单，并给予汇总梳理。

第二，分类分责。根据公私大小原则，将所收集的事务按照大事、小事、私事的类别分出"三事清单"。

第三，讨论分流。与县委部门、乡镇基层工作者、村支两委、互助会代表和村民，分别开会协商"三事清单"，明确界定各自在事务清单中的责任、权利。

第四，简政放权。确定哪些事权需要区县部门和街镇下放，以及如何下放、如何监督等。

第五，公示执行。将讨论确定的部分在各级部门以及自然村给予公示，政府、互助会、村民各担其责、各执其权、各得其利。

第六，公共投入。在处理部分公共事务的过程中，需要调整原有投入方式的，进行相应改变，以激发社区社会组织参与的积极性和项目执行的"性价比"，这些都可以作为衡量基层公共成效的重要指标。

第七，总结评估。评估执行的效果，归纳执行的经验，总结整理执行过程中的案例、村规民约，形成案例集。

下面以湖南省长沙县葛家山村为例,看"三事清单"是如何形成和落实的。

葛家山村地处长沙县边远地区,位于开慧乡中心地带,京珠高速公路开慧出口,交通便捷,地理位置优越。乐和乡村项目进驻后,全村34个组先后成立了互助会,选出172名互助会代表,实现了互助组织的全村覆盖。召开联席会近37次,代表召开碰头会70余次,同时注重发展多种形式的志愿者组织,发展志愿者90名,娃娃团娃娃61名。环保治理小队、各种文艺演出团队也应运而生,实现了互助组织的多层次、多样化服务。

在项目开始一年半的时间里,乐和社工通过重点走访、入户调研、发现骨干、发动大型宣讲会和单体实验等多项工作,在乡村治理方面取得了显著的成效,具备了进行三事分流整体设计的基础。

2014年5月至10月期间,社工与互助会代表们走访县委相关部门、乡镇干部、村支两委干部,按照综合治理、财务管理、农业与农村经济、食品安全、国土、妇联、计生、科教文卫、档案管理、环境、社会事业、思想教育工作、群众工作、武装工作、基础设施建设、山林管理这16项内容,形成一部基层口述史。在平日的走访中,社工与互助会代表及普通老百姓围绕"政府应为你提供哪些服务,自己能够承担什么责任"进行口头调研,整理出村级主抓事务164条。

葛家山村的村级主抓事务整理出来之后，村支部书记召集社工站、党员代表、互助会代表、村民代表、辖区内的相关社会单位及联村党政干部出席的联席会有 30 次，讨论出的 164 项村级事务中有 70 项可以剥离出来，交由互助会去做。互助会会长随后召集互助会代表和村民召开互助会 13 次，分析各自的责任、权利、义务和利益。大事、小事、私事都清晰明了，葛家山村党支部、村民委员会、互助会会长、联村党政干部及乐和社工采取无记名投票的方式，在"三事分流"结果汇总表上投票，并通过了《开慧镇葛家山村关于"三事分流、三治并存"的乡村管理制度》，并对制度进行了公示。

三、三事分流的单体实验流程

所谓单体实验，是在整体设计的基础上，集中用三事分流工作法解决某一项基层公共事务的过程。"乐和家园"在实践中探索了三事分流单体实验过程，对讨论和实施三事分流的过程形成一套简洁的办法，简称"六字诀"：事、会、责、约、评、记。

第一步：事——社会调研。全面搜集问题，无论是互助会提出来主动要解决的，还是街镇村委会从上而下要推行的，都要针对所有村级事务进行梳理，然后进行分类，找出属于公共事务的部分，并将其细化，分清楚哪些事务或者哪些环节可以交由自然社区组织互助会来做。

第二步：会——组织开会。无论是分流根据还是内容调整，召开联席会与互助会进行面对面沟通，确定分流事项，对于讨论的核心议题按照顺序列出清单，以便聚焦问题，高效地开会。

第三步：责——明确分工。拟出初稿征求意见，在誊写的决议上签名或按手印，现场纪要，入户补遗，分责赋权。将交由互助会参与实施的事务流程的各个环节及其权责进行明确，形成纪要。

第四步：约——规则制定。分流事项并实施，在实施过程中形成村规民约或居民公约及细则，签名或按手印生效（习惯做法），宣告张贴。

第五步：评——社会宣传。对分流事项实施效果进行评估，总结提升。召开互助会例会评议民约执行情况，讨论完善制定出来的公约条款。表彰执行好的人家或参与者，通过乐和榜进行公示。

第六步：记——社会记录。在实施过程中，通过文字、视频、录音、图片等方式进行记录和存档，最终整理成案例给予报送和宣传。

三事分流操作法

为了确保三事分流的有效实施，在村委会办公室里，在村民的坝子里，在古旧的大院里，村支两委、互助会、社工站，一遍遍分别讨论，一遍遍反复商议，形成了整体设计和单体实验的方案。通过召开联席会议，落实三事分流的原则，曾经被认为冷漠、自私、愚钝的村民不仅说出了参与、义工、公共事务这样的话语，而且还承担起了这些话语所包含的责任。通过三事分流这样切实的操作模式，自立、互助、公益的中国精神，正在成为村民的生活理念。村民的感受是："现在遇到事情有人管了，自己也知道怎么处理了，搞的建设，质量也靠谱了。"村支两委的感受是:"各种琐事、小事少了很多。一些小的工程项目,资金利用率更高了,质量更好了,村民更满意了。"

在全县率先制定"三事分流清单"的长沙县葛家山村支部书记汤长顺说:"三事分流清单分出 70 项公共事务交给组级互助会负责,充分调动村民参与村级日常事务管理与维护,真正实现'自治、共治、法治'。此外,葛家山村的乐和乡村建设在修复基层组织、调节村民各种纠纷、发展乡村经济、复苏乡土文化等方面取得了非常显著的成效,大大减轻了政府和乡村的负担,使我们真正地做到了'减负'。"

第四节
用"投入改革"实行利益共享

在传统的乡村里,总有一些德高望重的乡贤,牵头组织大家处理村社公共事务。乡亲们对他们的信任、支持以及必要时的帮助,就是这些乡贤为大家志愿服务的动力。但是村社总有一些公共事务是需要花费的,怎么办?村里的"族田"或者"公田"就是这样的经济支持。我的一位老辈的叔公被乡亲推举出来担任"清明会"的会长。所谓清明会就是为清明祭祖而成立的,平时也兼管红白喜事这样的互助性事务。而清明会的费用来自乡亲们捐凑的"公田"收入,所以这个清明会也负责管理公田的耕种收获和财务收支。每一次清明祭祖以及扶困济弱的事务,都要经大家商量,花费清单的每一笔钱都清清楚楚,哪怕是一节麻绳都记录在册。

中国的许多乡村都有着这样的机制,"存养公共经济,积累公共基金,分担公共服务,培育公共精神"。这是以"和而不同""天下为公"的儒家思想践行"责权对等""义利相和"的乡土实践。

汉字专家白双法先生讲他的老家曾经有每家人定期要交一斗高粱用以分担村里公共事务经费的做法。村里有些特别贫穷的人家怎么办呢？按照我们现代人的想法，免交不就完了吗？但规则还是要交，为什么？因为要尊重这家人的公共责任。可是交不出来怎么办？就会有富裕点的人家主动代交。贫寒人家当然感激，如此便既增加了贫富间的"相与情义"，又保证了贫寒人家的责任和尊严。乡土中国有很多这样的治理智慧和公益智慧是需要我们现代人去思考和汲取的。

新中国成立以后，取消了族田公田，代之以生产队的行政建制，在一定程度上保存了乡村公共经济所支持的公共事务的财务支持机制。然而，由于农民只有少量的自留地，缺乏对基本农田经济活动的支配权而动力不足，村社的公共经济和公共积累也便来源有限。改革开放以来，绝大部分乡村的公共经济解体，青壮年外出务工，基于行政村的村委会避免出现行政化、科层化的倾向，国家投入的大量涉农资金又很少用于自然社会组织的培育和自然社区组织参与的通道，其结果，本意是服务乡村公共事务的政府投入，在项目设计、实施、监督、持续的诸多环节都缺少村民参与。而为了执行项目，掌握项目经费的少数人常常是根据与自己的亲疏关系指定执行人，或者交给外包公司，其间的贪腐漏洞在所难免，项目品质效益不保成为常态，这些现象引起村民的不满或者冷漠，乃至对项目执行牵涉到自家利益时的"刁难"。这一切都严重影响了人们对于公平正义的信念和信心。

另一方面，基层政府通过流程化、标准化、项目化的方式，在处理大事方面虽有成效，然而过度使用科层化办大事的方式来处理基层的小事，往往捉襟见肘。单一化的自上而下分配公共资金与物资到村委会和居委会的方式，程序往往非常缓慢，手续复杂、缺乏灵活性，往往一笔几千元的资金需要拨数月之久，效率很低。村民居民因为不能参与到项目申请、执行、监督资金使用的过程中，很难体会在这个领域的"当家做主"；而以项目外包的方式落实的资金政策，弱化了村民居民的需求导向，忽视了基层民众的广泛参与，其结果是不但不能给予自然社区组织资源的支持，很多时候这种方式还造成了基层贪腐的隐患，成为引发基层社会矛盾的根源。为此，必须改变基层政府的公共投入方式，让政府惠民资金真正成为激发群众参与的杠杆。

一、建立社区基金会，为村民主体性赋能

乐和家园通过一站两会三事分流的机制，大大提高了村民居民参与自然村社公共事务的积极性。在山东曲阜书院村，村

民把村里一共160多口大缸无偿捐出来做花盆；长沙县村民捐款来修筑公路和大院；重庆大石村的居民为修建乐和大院集体出工出力。然而，自然社区处理公共事务热情增长的同时也遇到了难题，就是没有掌握相应的资源，大家的热情被不合理的投入制度"泼了冷水"。乐和家园的同人们通过尊重传统乡村责权利义的解决方案，寻找这种公正精神失落的原因，找到了投入机制改革的路径。

在湖南长沙县"乐和乡村"与重庆市南岸区"乐和家园"项目实施中，与一站两会的社会共治和三事分流的责任共担相应，均建立了以投入机制改革为契机的利益共享，在项目后期分别进行了"公共投入机制改革"的社会实验。

在社区基金专家和社工机构负责人的协助下，南岸区政府拿原来分配给村居两委用来执行社区活动的800万元人民币经费建立了"民泰基金会"，专门用于支持社区社会组织和公益站的活动。事实证明，由社区社会组织来完成的社区活动，不仅成本低、成效高，更重要的是激发了居民和村民的参与热情，支持了社区社会组织的发育和发展。之后，民泰基金会又得到南岸区企业家的支持，现有基金已经超过2000万元人民币，为南岸区社区社会组织的发展和社区公益活动的活跃起到了重要作用。

"公共投入机制改革"不只是社区基金会的构建，还在于村民对于公共投入的参与，特别是村民对于惠农资金投放机制的参与。在"三事分流"的基础上,通过鼓励和引导村民自主管理、使用、筹集和监督公共事务资金,可以充分调动村民参与公共事务的主动性,降低公共事务运行成本,提高公共事务资金的使用效率。

探索的突破口一般包括部分乡村综合服务资金的调配,也包括像垃圾管理这样的公共资金配置,以及低保、公益岗位配置、年终慰问这样的公共资源分配机制的改革。过去与村民没有关系的项目,现在要由他们来参与决定。村民们学习新的流程,比如由代表征求意见,然后互助会讨论,再由联席会讨论后报街镇和部门审批。如果批下来,互助会要负责投工投劳、材料和质量控制以及验收之后的质量跟踪和维护。

在三事分流最初的发源地重庆南岸峡口镇,通过公共投入改革,将修筑村级人行中大路的责任分给果树社互助会,并授权其使用资金。结果是省了资金,修的路质量更好,村民还没有矛盾,人民对于政府的信任和感情增加。

果树社是峡口镇大石村的一个社,有居民87户,共200余人,以枇杷和蜡梅为主要产业。枇杷园地处山上,道路年久失修,青苔遍地,不利于村民采摘枇杷,也不方便游客游玩,居民多次反映希望修路增收,方便生活。

人行中大路的修建直接关系到村民生活、生产以及今后的生计问题。为解决这一问题,果树互助会的代表们积极努力,多次向村镇反映，村镇则提出要求：自己修路可以，但是第一需要做详细预算，第二修路过程必须全体村民同意，第三修路过程中的矛盾自行解决。

随后，互助会多次召开讨论会，根据三事分流的原则，对道路规划、施工和建筑材料供给进行了分工：将项目所需资金申请作为大事，交给政府办；将道路规划、土地利用、道路施工、质量监督、人员配备作为小事，由村社和互助会办；将枇杷园周围的土地、树木处理作为私事，由村民自己办。

2015年10月19日，果树社原会长刘祖荣和互助会代表召集村民，在乐和大院召开了互助会会议，确定了修建果树社人行中大路施工方案，以及统筹负责人与出工人员，分工方法，工资标准制定，施工工具准备及用水等相关事宜；10月31日，互助会首次召集了村民，测量所需修建的中大路长度以及修缮路段，并进行了初步材料预算。互助会详细列支了所需要的人员名单、马匹数量以及补贴标准和发放方法等。

修路必定会涉及土地、经济作物等一系列的归属纠纷问题，有些村民不同意无偿捐赠土地来修路，互助会的代表和社工就一家一家地走访，上门做思想工作。经过长时间不间断地沟通，村民们终于达成了共识：路还是要修的。修建人行中大路带来的便利和经济效益远远高于土地本身的价值，因此村民们一致决定土地问题自己解决，中大路沿途涉及的土地自愿让出来，涉及地里的植物也自己移栽。

经过大约一年时间的协调，2016年9月，人行中大路终于开始修建了。但是新的情况出现了，村委提出首先拨款2万元，由互助会试修建200米人行步道以证明互助会有能力承接这个项目。这对互助会来说是一个考验，也是一个机会，只有这200米人行步道修得达标，后面的资金才可以到位。

2017年3月25日，修路的材料全部到位，并开始动工修路。修路的进展很顺利。本次修路的长度共2300米，用时35天，于2017年4月30日顺利完工。

重庆南岸大石村果树社互助会开会讨论人行中大路修建事宜

北京师范大学社会发展与公共政策学院教授、博士生导师陶传进如此点评该案例：在小事这一层级上，由村庄里的互助组来做，这是一种通过人们的互助合作，以社会化的方式解决问题的尝试。有趣的是，正是在这样的"小事"上，看到了其中纷繁复杂的利益纠葛关系。正是在对这种利益关系的处理上，需要人们用社会化的方式来沟通协调、讨论协商，任何行政化的、武断化的处理问题的方式，都要为问题的解决留下诸多的隐患。

本案例中问题的解决模式不仅有一种民主化、协商化的思路，而且还是一个最终解决了问题的成功模式，从中可以看到其难能可贵之处。尽管花了一年多的时间才完成这样一件"小事"，但时间的长度恰好表明人们在一种新型路径上尝试的真实努力。从理论的角度来看，本案例呈现出一件对大家的总体有益的事情为什么最终是可以实现的，而不是落入到集体行动困境的轨道上不可自拔。当然，政府在修建道路上的资金支持也是解决这个问题的关键一环。

二、惠农资金投放改革，激发村民主人翁责任感

湖南长沙乐和乡村项目实施之后，五个试点村均进行了

"三事分流"和"参与式管理"的投入机制改革,取得了非常好的效果。

按照"三事分流"原则,乡村的部分基础设施——村级道路、末梢水渠等,是属于乡村内部的公共事务,可以交由村民自行决策和管理。当五个试点村成立了互助会之后,通过与村支两委、镇政府的相关部门多次协商后,双冲村、葛家山村、金坑村均将村级道路和末梢水渠设定为村民自己的事,是否修、修什么样的路、需要多少资金和劳工、修建完成之后如何维护等问题均由村民自行决策。因为镇政府的相关部门需要负责拨付项目款项,所以项目的审核权和工程完工之后的质量监督则归属镇政府。

根据这样的权限划分,在双冲村、葛家山村、金坑村形成了一个新的乡村基础设施建设流程:(1)村民通过互助会商议之后,确定本组所需修建的基础设施项目;(2)互助会根据项目所需的建材投入等核算出项目资金,统计本组的劳动力情况,与村民协商达成出工方式。一般来说,可以出工的出义务工,不可以出工的则按照本村基本的出工费用情况商议出一个费用以替代出工;(3)互助会继续根据项目所需,就项目完成后的维护和维修问题,与村民达成一致意见;(4)互助会根据上述意向撰写项目申请报告,递交村支两委;(5)村支两委收到项目申请,审核之后,递交镇政府;(6)镇政府根据项目申请的内容,到小组进行实地调研和考察,最后确定项目是否实施;(7)项目确定实施后,镇政府的相关部门拨付部分款项,由互助会组织组员完成项目修建;(8)修建完工后,由镇政府的相关部门进行验收,验收合格,镇政府拨付剩余项目资金;(9)互助会按照之前的项目报告,组织村民进行项目的维修和维护。

通过这样的模式,双冲村简东沅组完成了生态路的修建。因为村民自主筹资筹劳,生态路的修建资金比以前同样道路的修建节约了将近30%。之后,简东沅村又完成了骨干山塘和张家冲水库的修建和维护。此外,葛家山村罗家组用修2公里的钱修了4公里的路。随后,葛家山村级建设的主要方式不再依靠上级投入,而是村民自主筹资筹劳。2013年年底,村民筹集资金120余万元,完成了10公里的村级道路硬化,修建了13口标准山塘。除了节约成本、效率较高等优点外,"三事分流"和投入机制改革的实施,还改变了乡村基础设施的工程质量。

经过多年的实践,我们将"公共投入机制改革"的一般实施程序归纳如下:

第一,由互助会讨论相关的村社公共事务,并对公共事务进行"三事分流"的责任划分,而后根据相应的责任划分确定此项公共事务所需资金和劳工投入的总额与分配。

第二,代表入户调研,告知村民互助会对此项公共事务投入方式的讨论和讨论结果,征求村民和居民意见。

第三，互助会汇集村民和居民意见，就具体公共事务的"参与式管理投入机制"撰写报告，递交村支两委和居委会，并附上义务出工、协调矛盾、后续维护等承诺。

第四，村支两委根据报告的相关内容，与互助会召开会议，并进行现场调查，形成上报街镇的申请报告。

第五，街镇依据报告，进行项目审核调研，审批通过后，拨付部分款项用于项目修建。

第六，村民和居民根据报告内容，自行出工出资，完成项目修建。

第七，街镇进行项目质量检查，质量合格后，拨付剩余项目款。

通过"公共投入机制改革"，互助会参与到公共事务的申报、实施、评估、后续监督等各个环节。同时，村级项目和社区项目的执行方式也发生了改变：第一，自上而下的筹建过程变成了自下而上的申报过程；第二，投标、雇工完成项目的模式转变为村民居民根据自己的需要自行设计、修建和维护的模式；第三，政府从被动地包办给予、过程管控，变成了在小事上充分地授权以及根据结果评估，将大事的主动权还给自然社区组织，使其成为治理主体，促使其灵活使用资金资源来处理自己的事务。由此，不仅节约了项目的经费支出，而且提高了项目的进展效率，确保了项目是村社和社区切实所需。更重要的是，政府通过公共投入改革，在部分基层小事上分责授权，成为训练基层协商民主、激发社区组织参与、还政府于信任的有效举措。

综上，可以看出，"三事分流"和"公共投入机制改革"是两位一体的。按照"三事分流"的原则对村社的事务进行各归其位的责权划定后，相应地就需要推进公共投入机制改革。在长沙县，项目运行以来，县委每年都会牵头组织投入机制改革会议，实现县直部门与村级建设直接对接，明确用"以奖代投"的方式鼓励村民参与公共设施建设。同时，三事分流的推行，极大地激发了村民参与公共建设的热情和愿望。截至2016年5月底，长沙县村民共筹集资金890多万元，用于公共设施建设。长沙县的五个试点村均按照三事分流的流程进行了公共事务管理改革，并在生态路、村级小型水利设施的修建上取得了非常好的改革成效。

以前经常出现政府为村民做"湿地工程""生态路""小水利"而村民不买账不配合的情况，为工钱讨价还价，为"一颗白菜的赔偿"这类小事叫板也司空见惯。其中重要的原因是村民由始至终没有参与到项目的立项、执行和实施中。乐和乡村实验进驻长沙县后，政府组织了两次县级层面的乐和乡村建设投入机制改革调研会，启动了投入机制改革的整体设计和单体实践，探索投入机制的新模式，无一例外，都取得了成本低、质量高、参与度高的效果。

葛家山村罗家组互助会用 2 公里的指标通过义务投工等方式，独立完成 4 公里生态路的铺设，而荷家组完成三口总面积 8 亩的标准塘建设，修通了 400 米的连村公路，让村民们几十年来首次能便捷地到邻镇赶集。

长沙县白沙镇双冲村互助会会长说："2014 年我们组由互助会牵头完成了两口水塘的修建，共计筹工 100 余个，回想起当年大家一起集体出工的日子，现在这番景象倒是很相似。虽然每天都很累，但是我们觉得累得值得，累得高兴。"

长沙县乐和乡村运用三事分流方法低成本高效率兴修水利

三、民主评议选低保，村民村委两头好

低保评选一直是村支两委最头痛的事。要求吃低保的村民多，低保评选的事项杂。事情没办好，村民不满意，经常两头不讨好。而作为公共投入改革措施的一部分，将低保评议交给互助会，村民参与农村公共事务决策，村支两委露出了笑脸。

长沙县白沙村孟家湾组自2014年初成立互助会以来，通过三事分流的模式，开展了大量的建设和活动，如修路、修山塘、搞活动，村民积极参与的同时，对乐和互助会也建立了信任。同时，通过互助会来评议低保，也正是村民们共同要求的。互助会多次召开碰头会，每一位乐和代表都对自己的联系户进行了细致的走访调研，以选定确实需要吃低保的村民候选人。

2014年11月14日，孟家湾组互助会召开了一次会议，专题讨论低保评定问题。互助会长符钦云宣读了低保评定的所需条件，由出席的代表们投票。经过激烈的讨论，评出了4户村民。第二天晚上，孟家湾组召开全组户主大会，将上次会议商议出的4户村民告知大家，由全组村民提出异议，并且由全组村民投票决定，票数占80%以上的为合格户。最后大家评选出了2户，其中就有乐和代表符钦云。符钦云身有疾病，自己家住着几十年前的老房子，生活艰难。但是出乎所有人意料的

是，符钦云却主动放弃了低保。他说："我当了乐和代表就要起好带头作用，我现在靠打零工，一年也能挣些钱，只要我还能做一天事，就不能浪费国家的资源，把低保指标留给更需要的人。"会上响起了热烈的掌声，而在之前还争着吃低保的村民，这时候没有一个人站出来要争这个名额。会议一致通过了低保评定的乡规民约，以后的低保评定就按这种模式办。整个低保评选过程没有任何异议，会议顺利结束。组长王学著笑着说："以前的低保评定，都是组委会直接按名额确立几户村民，然后上报到村一级，许多农户觉得评比不公平，对组上意见很大，甚至还有到村部去闹的。现在通过互助会来民主评议低保，大大减轻了我们的压力。"

长沙县的这一幕让我回想到 2010 年我在重庆巫溪大坪村亲历的一次风波。大坪村地处深山，面积 7.46 平方公里，有 4 个社（自然村）、561 户，人均耕地 0.42 亩，2009 年人均纯收入 2865 元。从最远端的自然村到村委会，骑摩托车也要走个把小时。为提高大坪村的收入，乡镇干部和村支两委做了很多努力。2002 年，他们组织农民种植黄姜，并引进黄姜加工厂。但因黄姜价格暴跌，老板关厂逃跑，造成村民损失。缺少自然社区组织的村民，只能把矛盾指向村支两委和乡镇政府，希望通过"维权上访"弥补损失。在缺少自然社区组织的情况下，分散的群众很难防止基层政权乃至基层政府利用手中的权力优亲厚友。于是，区区低保"小事"，成了村民们维权上访的重大缘由，而且全村户户都要求享受低保。2002年以来，大坪村村民因黄姜产业发展失败、巫十路建设征地补偿、低保分配等问题，到镇、县、市集访29次，堵车堵路2次，甚至发生了县政府主要领导下乡时遭村民殴打的事。一位本镇干部表态说："宁愿在县城扫大街，也不去大坪村工作。"

巫溪县启动"乐和家园"建设后，县长带着我和新任命的镇书记来到大坪村，召集村干部和上访代表座谈。我给他们讲县里准备搞乐和家园，他们的表情基本上是漠然的。我说："那你们有啥问题可以表达一下。"这下就爆发了，个个表情都不大好，可以说是愤怒。我又问："你们既然有这么多的怨气，那么这些事情自己来解决行不行呢？"这时候大家的表情是疑虑的，好像不相信——这些事情能够自己来解决？这时候县长给大家解释，乐和家园就是要让大家组织起来，自己的事情自己办。于是，大家的表情从疑虑变成兴奋。这个时候问大家，你们认为"低保分配"应该由谁来解决，怎么解决？村民们稍有犹豫，但还是鼓起勇气说："应该由我们村民自己决定。"我趁热打铁宣讲了"乐和理念"，并建议参加座谈的村民推举评选"低保"村民。

既然村民有"当家做主"的愿望，县乡干部就积极配合。新上任的镇书记在社工小梁的协助下，召开了乐和互助会的成立大会，当场通过自荐的办法选出了 31 个乐和代表。镇政府拿出 30 个低保名额给大坪村，交由"乐和互助会"评选受益人。大家本以为村民们会为此吵成一锅粥，没想到，上访带头人、声称要抱着县领导"跳崖"的李俊站出来了。

李俊本人是下岗职工，爱人和孩子都患有癫痫，家里还有 80 多岁的婆婆需要照顾。按照李俊家的实际情况，她家"吃低保"理所当然。李俊出人意料地宣布，她不要低保了。她说："现在村里'搞乐和'，大家信任我，让我评低保，我就带个头，大家都来为'乐和'作贡献。"李俊的这个高姿态让本来想争低保的人不好意思了。评议会开得非常顺利，不到 1 小时，就决定了大坪村享受低保待遇的名单：9 户 11 人，多出来的 19 个名额退还给政府。

对村民而言，"公平"比钱更重要。有了"公平"，才有乡村集体，才有乡村集体认同。有了乡村集体认同，才会有公德。之后不到一个月，这个全县出了名的"扯皮村"就成了乐和村。

四、营造家人社会，维护共同利益

家人社会就是共同体社会，共同体社会是命运共同体、利益共同体，只要真正通过赋权赋能，修复了这个共同体，村民真正认同了这个共同体，就会去维护这个共同体的利益，因为这个共同利益与自己息息相关。而其中的个体也会为这个看得见、摸得着的共同体放弃自己的一些个人利益。

2010年巫溪县曾经的大坪上访村变成乐和村，村里立起"乐和榜"

在巫溪白鹿镇大坪山公共空间乐和大院的选址问题上，联席会各方商议决定，既要有村民自己的意愿，也要有公益机构邀请的专家指点。征地的过程中，乐和互助会按照村委会和建设部门的要求和需要被征地的农户进行沟通，不仅避免了由于征地引起的种种摩擦，甚至以低于市场价一半的价格就解决了。工程实施也改变了以往直接由镇政府和村委会执行的方式，而探索了一种新方法：政府作为引导和监管的角色，让村委会与乐和互助会来执行，公益机构作为第三方，帮助政府进行质量管控。这一切都让村民真实地感受到由自己当家做主的共同体及其共同利益的存在，愿意为之尽责尽力，并阻止那些危害这个共同利益的行为。这就是乡村的公益和公正，也就是"自立、互助、公益"的乐和精神。

这种共同体的意识和共同体的机制，在对待违章建筑问题上，产生了比"强拆"都厉害的效果。有一户人家因为想要在乐和大院旁边搞个违章建筑做小卖部，并趁着夜黑风高打了地基。就在这个时候，互助会乐和代表发现了情况，相继到当事人家中做工作劝其停工，然而屡屡无效，只好上报政府部门执法处理。当事人仗着一个侄儿在互联网上有些背景，放出口风说，谁来执法，就和谁硬干，准备流点血然后放到网上。就在执法部门再三考虑的时候，互助会代表们又来了：你们该执法就执法吧！执法那天，我们会动员全村的人到现场助威！最后的结果是，当事人得知这个消息后，自动停工了。毕竟他不想和全村人过不去。

还有一件事发生在巫溪县羊桥村。村里互助会和村委会一起商议并参与了规划设计，规定本村所有的建筑不得超过三层楼。可是有一户人家已经盖了四层楼，怎么办？有人说，盖了的就算了吧，以后盖房的人不违规就好了。然而，互助会骨干坚持认为不要因为一户人家影响整村发展旅游产业的形象，硬是劝说这家人把高出来的第四层楼拆掉了！拆楼那天，我正好在村里，远远听到咚咚的拆楼敲击声，看到楼顶上晃动的人影，那是去帮助拆楼的乡亲。整个过程中没有任何冲突发生，令人感叹万分。

村民自己来监控不当行为，本来是古代乡村的规矩，因为个体的不良或不当行为会影响大家的共同利益。维护公共利益就是维护一方的公序良俗。一个个小小的共同体，就是维护公序良俗的基石，就是联结家与国的纽带，就是基层善治的草根力量。

2019年1月14日，新华网发表了一篇题为《重建社会，一个不容迟滞的改革话题》的文章。文章提到，改革开放四十年，是一个"自我"意识迅速觉醒、蓬勃生长的时代，也是一个社会"原子化"的进程。"诸多公共场所中，不时传出一些惊悚性新闻：从司乘冲突引发公交坠江、校园门口肇事行凶，到医院诊室暴力伤医、随意遛狗恶意打人……一点点小小的火星，就可能引爆出一起起突发性事件。更令人警醒的是其中折射出的社会人心的扭曲和变异：冷漠自私、霸蛮骄横、嫉恨仇视……社会转型中的原子化之变，渐已衍生出丛林化之忧。"

文章指出了这个时代有识之士共同的忧虑：从原子化到丛

林化，一个正在蔓延的社会症候。解决这样的社会症候，完全依靠行政管控是解决不了问题的，反而会使得问题更加严重。重建社会，已是改革的迫切诉求、时代的迫切呼声，党的十九届四中全会审议通过的《中共中央关于坚持和完善中国特色社会主义制度、推进国家治理体系和治理能力现代化若干重大问题的决定》，明确提出要建设人人有责、人人尽责、人人享有的社会治理共同体。这一重要论述，突出"人人"，既强调了在建设人人有责、人人尽责、人人享有的社会治理共同体过程中，每个社会成员都是主体，均有参与的责任与义务，也强调了社会治理成果将为人人共享的庄严承诺。

从2013年到2016年的三年里，南岸区乐和家园建设和湖南长沙县乐和乡村建设，基本形成了"公共事务三事分流""培育社区组织""公共投入改革"三个内容紧密结合的社区治理整体方案，并实施了一批看得见、摸得着、走得进的样本，形成了共建共治共享的社会治理格局。根据乐和家园多年的经验，这样的社会治理格局可以理解为"以基层党建为底盘的党委领导，以三事分流为依托的政府负责，以民主协商为基础的社会协同，以村民居民为主体的公众参与"，传承和创新了多元一体的共生传统，探索了公共参与的切实路径。

基层社会的权利结构、责任模式和利益机制健全了，社会才算完整建设起来。当社会完整建设起来了，政府职能转变才有了社会的基础，就可以推进政府行政系统的考评转型、职能转变、功能归位、减政放权、增效减负。头重脚轻的行政服务体系不调整不下沉是不行的，但是只在行政系统内部收收放放，是难以解决社会问题的。特别在"上面千条线，下面一根针"的基层行政压力严重超载的情况下，尤其在那些监督机制失灵的地方，是会出现更严重的社会问题的。所以行政系统的改革、政府职能的转变需要跳出行政系统本身来想办法，如从扶植社会着眼，从培育基层社会组织着手。

在这个党政主导、政社一体的新型治理体系中，科层化、行政化所难以避免的和群众的分离重新得到弥合，纵向的行政管理和横向的社会管理能够有机融合，前者成为后者的支架，后者成为前者的底盘，成为互相依存的条件。在这个过程中，政府的主导作用尤为关键。从区县到乡镇，乃至到村支两委，政府对于激活社会组织、创新社会治理体系的重视程度和推动力度，决定着乐和治理以及整体实验的深度、力度和速度。

2015年4月，重庆市南岸区"三事分流"经验被民政部评为"2014年全国社区治理十大创新成果"。在此基础上，2015年7月，南岸区申报"全国第三批社区治理和服务创新实验区"成功，开始了以"推进三事分流，推动社区治理创新"为主题的实验区建设，并在2018年以优异成绩通过验收，《三事分流工作法理论概述与操作指南》成为广获好评的"抢手货"。2019年，南岸区的经验成为清华大学社会治理与发展研究院的经典案例之一，在"全国社会治理高层论坛"上备受瞩目。

湖南省长沙乐和乡村也是成绩斐然，从2013年6月启动第一批5个"乐和乡村"示范村建设试点工作，到2014年扩大到20个试点村、5个示范村，再到2015年进一步将试点村扩大到38个、示范村10个，通过"一站、两会、三事分流投入改革"，初步构建了一个"社会共治、责任共担、利益共享"的乡村治理模式，体现了"党委领导、政府主导、村民主体、社会参与"的乡村治理格局。2013年，因其探索城市化过程中的乡村治理经验入选2013年中国城市化十大典型案例，2014年入选"乡村文明复兴与有根的中国梦"十大典型案例，并以"搭建群众有序参与平台，创新基层社会治理方式"为题，以省委办公厅内参的方式广为传播。《农民日报》以头版头条的显著位置报道"'组'建互助会，问题不出村"的乐和乡村建设成效。

国家行政学院中国乡村文明研究中心主任张孝德教授于2014年实地考察长沙乐和乡村实验后，这样评价乐和治理："乐和治理是继30多年前农村承包责任制之后的又一次重大意义的改革。如果说承包制最大限度地释放了农村生产力，那么，乐和治理对农村社会发展力的整体释放，则是从根本上找到了解决困扰当代中国三农问题的新思路、新突破。它不仅激活了传统社会的互助关系,还为中国乡村文明和乡村文化的复兴找到了发育的温床,同时也为解决乡村维稳发展、乡村生态文明、生态产业、乡村社会发展提供了有效的组织支撑。"

第二章　用乐和治理催化价值共识

自古以来，中国人的自治与文治密不可分。《礼记·学记》开篇就说："是故古之王者建国君民，教学为先。"君子学习的境界和层次能够"化民成俗"。儒家文化之所以能在几千年里大行其道，就是因为这种本于天道、低成本高效率的管理，就是因为有开启心智的经典和代代相传的书院以及被尊称为"读书人"的先生。民国初年停止了读经课和修身课，让今天的我们倍尝苦果。乐和家园一直在探索如何培育社会组织的文化意识，如何用文化的力量治理社区。在长达十年的社区书院的实验中，我们发掘了"修齐治平"加"六艺"的书院教育课程和书院建设操作方法。

中国人的自治基于"修身"。《大学》中"自天子以至于庶人，壹是皆以修身为本"，是在古代为朝野共识、妇孺皆知的名言。用今天的话语讲，就是管好自己，做好自己，自律、自觉、自省；用一位农村大妈的话说，"是人不用管，用管不是人"。而中国的自治基于文治，张之洞的《劝学篇》曰："世事之明晦，人才之盛衰，其表在政，其里在学。"即以文化人，用文化的力量治理社会，这是成本最低的管理，也最能切入人心、激发人的内在活力，因而是行之有效的管理。文的行为体现为礼，故而由礼义、礼仪、礼制、礼俗构成的礼治是文治的自然与必然。德主刑辅、礼法合治作为乡土中国基层社会治理的基本精神与规则，在作为公共空间的祠堂、作为学习空间的学堂和作为精神生活空间的中堂里延绵，历久弥新。

乐和家园从实践中发掘了以大院为公共空间、以书院为学习空间、以庭院为生活空间的三院文化，将礼治、文治、家治的自治传统转化为自立、互助、公益的乐和文教，促成传统智慧与现代文明相结合的价值观、知识点与行为规范，从而在解决人生焦虑、解锁现代困惑和治理难题方面进行了有益的探索。

第一节
大院的礼治

祠堂作为习俗、娱乐、礼仪、教育等家族文化和村落文化的公共空间，在管理基层社会、实施伦常教化、提供公共服务、维系精神信仰中起着极为重要的作用。民国以后，祠堂文化受到战争的摧残，新中国成立后通常被视为"封建迷信"而败落，"文革"中又因"破四旧"而凋零。当下，祠堂需要被赋予新的组织形态、话语体系、功能诉求。我和我的社工团队协同重庆市南岸区、湖南省长沙县、山东省曲阜市政府，因地制宜地建设乐和大院，就是这样的一种创新。

一、重估祠堂文化

祠堂作为习俗、娱乐、礼仪、教育等家族文化和村落文化的公共空间，在传统的教化体系和治理中起着极为重要的作用。

第一，基层社会的管理。祠堂将分散的家庭和族人聚合成一个整体，实施管理和维系，因此，祠堂在居住、耕田、抗灾、服役等方面发挥着互助与整合的作用。另一方面，祠堂还可以实施"呈公论治"，开展修续族谱和族人管理等事务。

第二，伦常教化的实施。在古代，人们以祠堂里所刻的《乡约》《劝惩簿》为日常生活行为规范。到了宋代，儒家文化中的孝悌忠信、礼义廉耻等德目，通过祠堂落地。祠堂往往会设立义塾，为本族子弟免费提供蒙学教育，在教育上扮演着重要的角色。

第三，公共服务的提供。与祠堂相伴生的还有族人集体活动、进行族中救济和保障的族田。通过祠堂的聚合作用，家族会积极配合政府纳税、御敌，实施大规模水利修复工程，促进社会的稳定和发展。

第四，精神信仰的维系。通过参与祭祖礼仪，家人们慰藉了心灵，寄托了心志，实现了从世俗性到神圣性的升华。在社会动荡的年代，正是靠着这些祖祖辈辈传下来的文化和信仰，人们的心灵有所依归，生活有所期盼，智慧有所启发。

民国以后，祠堂文化凋零，所剩祠堂少之又少。最近几年，在江浙及福建、广东一带，传统祠堂文化有复兴之势，说明中华民族几千年来家族文化和家国情怀的基因还没有断，中国人落叶归根的渴望依然存续。①

---

① 参见"中华百家姓起源故事网：中国祠堂的历史演变和社会功能 http://www.sohu.com/a/152786866_231796"。

二、重建乐和大院

乐和大院给祠堂赋予新的组织形态、话语体系、功能诉求,这是乐和家园的重要创新。

作为公共空间,乐和大院具有议事、教化、互助等多项功能。这样一个公共空间的构建和功能的发挥,又是由于"一站两会"的社会治理需求,即建立社工站、互助会和联席会需要公共空间而催生的。"一站两会"夯实了社区治理的基础,有利于推进基层政务公开,依法保障群众知情权、参与权、监督权。村支两委找到了共同处理公共事务的力量,对于处理公共事务的空间的诉求也就随之产生了。创建乐和大院的过程,就是让公共精神得以培育的过程。

在山东曲阜,官家村村委会用集体经济的收入盖了可容纳一百多人的大院剧场;姚庄村由打工回村的村书记自掏腰包,在镇里的支持下建了乐和大院;书院村则将既有的村委大院加以氛围营造,兼做乐和大院和乐和书院;曲阜的周公庙社区则挤出居委会的一块停车场,建了剧场和会场通用的"礼乐空间"。但是在很多乡村,既有村委会的大院是按照行政需求设计的,往往空间有限,怎么办?

在长沙,乡镇和村委会的办法是,应成立起来的乐和互助会的要求，将废旧的厂房等废弃或者闲置的空间改造成乐和大院。长沙县葛家山村的乐和大院不仅是"乐和乡村"整个项目中第一个乐和大院，更是规模最大、功能最为齐全的大院。其前身是一所废弃的小学，现今已打造成了旅游接待与社工培训的基地，为村集体经济的发展做出了巨大贡献。

但这只是行政村层面的乐和大院，在长沙、重庆的很多村子，各个自然村之间有相当的距离，但各个自然村已经没有了以往祠堂那样的公共空间，而大院又是以自然村为单位的村民小组提出诉求的场所，怎么办？既然有了互助会，这样的公共事务就由互助会自己想办法，于是老房子便派上了新用场。

长沙开慧镇葛家山村的一个村民小组新屋组是一个自然组织。社工通过挨家挨户走访调研了解到，新屋组的村民希望在家门口拥有一个公共空间，以便更好地建设自己的家园。2014年10月28日，新屋组互助会长黄银全召开全体乐和代表大会，就社工的调研给村民作了一个完美的答复：将有200多年历史的清朝老屋改造成组级"乐和大院"。闻讯赶来的几位屋主二话不说就同意了这个决定，大家都表示愿意无偿提供自己的祖屋来打造属于新屋组的乐和大院。黄会长做事雷厉风行，11月13日就做出了初步方案和预算提交村委会，并即刻带领老屋周围的住户打扫卫生。周边的村民主动提出，老屋修缮期间，免费提供茶水，除了聘请的匠艺师傅到黄会长家用中餐，其他人员一律各自回家吃饭；还提出，哪家有材料的，包括瓦、木梁、木方等原材料，尽量提供，以便减少采购量。

2014年11月13日，葛家山村支部书记汤长顺接到新屋组互助会关于修缮老屋的报告，立刻召开联席会，商议决定：村部给予大力支持。当天下午，汤书记就带领村委会干部驱车赶往现场做指挥，遵循不破坏整体风貌、不改变建筑格局的原则，现场的修缮项目由互助会全权处理，强调保证施工期间的安全，为高空作业人员购买意外保险，节约开支，用最少的钱做最漂亮的事。村干部前脚离开新屋，黄银全会长就带领互助会乐和代表和村民家属直接奔赴另外一个村学习取经。回来后，一个个都摩拳擦掌，信心满满，都说我们也能做好。在村支两委的大力支持下，新屋组互助会按照三事分流的原则，成功打造了属于自己的乐和大院。

2014年12月10日上午10点，新屋组组级乐和大院正式揭牌。第一次走进新屋，这幢历经百余载的风霜后依旧矗立在此的老屋，仿佛在对我们静静地诉说着百年来的历史沉淀。大家通过提建议、发评论、做决策等实践活动，获得了一种自信，同时也产生了一种责任感。将它打造为组级乐和大院后，拓展了公共空间，就能更好地培养村民的自治能力和合作精神。用这种办法，长沙县总共建立了30个功能齐全的乐和大院，开展文化活动2500余场次。村民为建设乐和大院捐钱和出工出力的事例数不胜数，不少村庄还为建立乐和大院做了捐款光荣榜。

春华镇金鼎山村龙顾组乐和大院

还有很多自然村，连这样的老屋也拿不出来，怎么办？村民就自愿把自家的院落拿出来作为公共活动空间。在峡口镇乐和谷，村民通过开互助会议，3个村民小组的3户人家将自家院坝让出来做公共空间乐和大院。周立碧是大石村大石社村民，淳朴、善良、热心，却也羞涩，不善言谈。自2013年乐和家园项目落地乐和谷后，周立碧在乐和的感召下，主动参与村庄公共事务，打点乐和大院，助人为乐，逐渐成为远近闻名的公益之星。周立碧无偿提供自家院坝，供附近村民开展公共活动和互助会议，院坝逐渐热闹起来，成为大石社的乐和大院。由于参加活动的居民较多,按照三事分流工作法,大院进行过一次扩建。应村民的需求,周立碧又无偿提供自己的耕地,在南岸区民泰社区基金会的支持下安装了健身器材。此外,在社工的引导下,周立碧和其他村民将本地传承多年的豆腐乳开发成产品后,在峡口乐和人家联合社的推动下,"乐和谷豆腐乳"被确定为南岸区非物质文化遗产。现在的周立碧,能够落落大方地给前来参观的客人介绍乐和大院、乐和理念、乐和活动以及三事分流工作法。

重庆酉阳何家岩村的大院故事也非常生动。在互助会建起来后,村民从之前的观望、害羞、拒绝,到后面的主动参与、成长,在潜移默化中发生着改变。有了自治组织,公共活动就成为显性需求。要组织公共活动,得有公共场地。并不是所有的村都有合适的公共活动场地,但是需求摆在那里,该怎么办?大家想到何家岩核心区有一个坝子,堆满了杂物。村民积极性很高,纷纷表示:"只要说一声,我们都来。"还有代表说:"只要政府出水泥沙子,我们免费出工!"但铲平这个坝子并非易事。坝子是原9组19户村民共同拥有的,由于年代久远,拥有坝子使用权的很多老人已经去世了,再加上历史遗留的其他问题,很多复杂的纠纷都牵扯其中,政府在处理这件事上非常棘手。后来通过共治机制,村委会互助会和社工多方协调,根据三事分流原则,政府承诺出水泥、沙子,互助会负责协调村民及义务出工。终于,矛盾得到了缓和,大家决定雨停后施工。雨停后,大家欢天喜地准备开工的时候,一户人家再次干涉施工。这时,众人齐心协力劝说。最后,13组组长给出白纸黑字的证明,迫于群众压力,这户村民也以大局为重,妥协了。如今,这块坝子已经是何家岩的乐和大院,晚上村民们在这里唱歌跳舞,白天则在坝子上晒粮食,几乎每天都有附近的村民主动打扫坝子。"什么时候平坝子?我把家里的农活放下也要来先把坝子平了。"这话始终萦绕在社工耳边,让人感受到村民对公共生活的强烈渴望,而这种公共精神,就是在乡村建设中一点一滴所滋养和激活的。

酉阳县何家岩互助会成员一起清理院坝,建乐和大院

事实上，每一个村庄修建大院的过程，就是自立互助公益的中国精神得以培育和彰显的过程。而对大院的功能和管理方式的探索，更是中国的礼治传统和礼乐文明复兴的过程。

乐和大院的墙上张贴互助会联络图、联席会流程，以及会议制度、乡贤榜、三事分流清单、活动历程照片、小组成员全家福、村民捐款光荣榜等。乐和大院的主要功能是为互助会联席会开会讨论公共事务提供活动空间，在培育乡村社区组织、投入机制改革、分担政府公共责任、化解基层社会矛盾方面发挥重要作用。乐和大院的管理一般由村支两委授权互助会安排专人或者轮值负责，如此也提高了村民作为主人翁的责任意识和治理能力。

乐和大院也是村民的活动，特别是文艺活动的空间。乐和文艺是以"天地人和"为主旋律的文艺活动。羊桥村以乐和协会为主力，组织了一场近万人参加的乐和家园联谊会，村民们自编自演，把乐和家园的理念编成一个个形式多样的节目；其他两个试点村也把各种形式的乐和文艺推动起来，替代了以往的打麻将、说闲话和吵架。

乐和文艺将理论宣讲与文艺活动相结合，用礼乐陶冶性情，这是一种生动的教化，也是社会建设的黏合剂与助推器。人们在"坝坝舞""乐和谣"里心性相通、情志相投、天人相应。在许多少数民族村落，歌舞就是传承文化、凝聚人心的不可或缺的生活，而乐和家园的社会建设，使得巫溪县这些原来缺少歌舞传统的汉族村庄开始有了新的气象，得到县委政府乐和家园建设委员会的大力支持，主要领导亲临各试点乡村全程参与村民的乐和文娱活动，并和乡建联席会各方一起商议乐和文艺的深入开展，使得党政工作更加温润民众、贴近民心。

三、重拾礼治传统

中国自古是礼仪之邦，以梁漱溟为代表的近现代大儒，指出中国社会的特点是以道德代宗教、以伦理组织社会。长期以来，我们在推动国家治理现代化的过程中，引进吸收和改造西方法治经验的同时，忽略了在中华民族文化沃土中长存的适于中国社会的礼治思想。时至今日，礼义被狭义理解，礼仪在民间严重失落，礼制恢复路径难觅，礼俗曾被不加区分地认为是陈规陋习，要全部革除。整个社会治理越来越"刚硬"，失去"柔和"礼治的调节补充，不能不说是社会道德滑坡、人情淡漠的一个重要原因。

乐和文礼是从"礼义、礼仪、礼制、礼俗"四个方面来重建乡村的礼乐文明：礼义是礼的根本，礼仪是外用表现形式，礼制是礼的规则形态，礼俗是礼的风俗习惯。以上四礼构成中华民族特别是中国乡村的礼治格局。

第一，涵养礼义。中国文化的"仁义礼智信"之五常，可谓礼之大义和方向。礼义在中国社会起着沟通天地、滋养人心、维系秩序的作用。宇宙间没有一片相同的叶子，没有一片相同的雪花，然而万物并作而不害，是因为有各自的轨道，即天理，圣贤称之为礼。礼是外显的规则，理是内在的根据，这是中国文化之所以能够以道德代替宗教的秘籍。

礼义滋养人心。礼的内涵是敬，亦即恭敬之心；仁的内涵是爱，亦即恻隐之心；义的内涵是勇，亦即羞耻之心；智的内涵是真，亦即是非之心；信的内涵是诚，亦即赤子之心。敬、爱、勇、真、诚，是安顿人心的根本，也是立身处世的方式。其中礼是门，义是路，所以孟子特别强调礼义。孟府的大匾就是"礼门义路"。而礼的最重要的特质是敬，对于天地人乃至自己的敬。所以当子路问何为君子时，孔子以四个字作答曰：修己以敬。失礼即失敬，失敬即失礼，有礼有敬的生命才会安稳，失礼失敬的人生无所依傍。在乡村，这些礼义本是乡土文化本身的内容，但很多时候是日用而不知的。

我们通过多种形式让大院成为传播和浸润礼义的"道场"。村里的乐和墙，是村民时时可见的宣传栏；村头的乐和榜，是熟人社会里大家很在意的评价和表彰平台；定期和不定期的乐和倡导，则成了村民的精神生活不可缺少的内容；还有一类活动就是奖惩和调解，评比先进，处理个别违反村规民约的人和事，通常就以教育为主。

第二，践行礼仪。中国古代将礼义发展出一套成体系成规模的礼仪。根据曲阜师范大学礼乐文明研究中心对于中国古代礼仪的研究，礼有文，也有质：礼的文是各种礼仪的形式，礼的本质就是敬。礼的大类有常礼和典礼之分。常礼就是日常生活中与人相处的各种规范，这是人应该有的礼节；典礼就是各种场合应有的仪式，比如结婚有婚礼，成人有成人礼，有接待宾客之礼，军中还有征伐之礼，等等。每种礼仪都有教化意义。

2015年在长沙葛家山村乐和大院举行的成人礼

梁漱溟先生认为，具体的礼乐直接作用于身体，作用于气血，人的心理情致随之变化于不觉……我们知道礼乐实施之眼目，盖在于"清明安和"四字。礼让、恭敬和温良相对于冲动、粗野和蛮横，更能让人感受到安和与有序。而礼仪的目标是通过晓之以理、动之以情、导之以利、励之以志，激发人的向上之心。乡村的礼仪教育是公共文化服务的重要内容，传统生日礼、成童礼、成人礼、开笔礼等是乡村公共生活的重要内容，挥手、鞠躬、拜孔等礼仪可以成为村民的习惯。

第三，订守礼约。礼仪是礼义的外在呈现，而礼制就是礼义、礼仪的规则形态，以这些规则调解人与人之间的关系以及维系国家社会的稳定。它有别于法律，是一种柔性的制度。《礼记》言："夫礼者，所以定亲疏、决嫌疑、别同异、明是非也。道德仁义，非礼不成。教训正俗，非礼不备。分争辨讼，非礼不决。君臣上下、父子兄弟，非礼不定。"儒家将人的社会关系分为五种——父子、夫妇、兄弟、君臣和朋友，称为五伦。人们处于五伦关系之中，有不同的责任义务，比如"父子有亲、夫妇有别、长幼有序、君臣有义、朋友有信"。一个人要想处理好自己的人际关系，必须明白五伦关系，而处理五伦关系的主要方式，就是集情感与规则为一体的礼，这是中国以伦理管理社会的秘籍，也是今天我们处理人际关系不可丢弃的遗产。乐和乡村以乐和乡约的温润关系协商处理乡村公共事务，让相敬如宾、以礼相待成为邻里之间的基本氛围。

礼制在乡村体现为村规民约。在个性张扬的时代，我有我的看法、我的意见、我的个性，怎么和别人相处呢？礼的可贵之处就在于保护共识的同时也保护个性，用协商的方式，每个人可以保留自己的意见和个性，但是我们尊重共同的约定。礼制在处理大事时，体现为一些协商的规则。国家有法律，但是在面对乡村相关的事务时，尤其是基层政府在与村民打交道的时候，仅靠法律就很不够了，需要通过社会协商机制，以一些条文约定的方式来处理和执行。大家坐在一起，面对面、心交心，讨论在处理某个乡村公共事务或者落实某个国家政策的时候，政府做什么、社区组织做什么、个人做什么，然后商议出彼此认同的规则和措施。大家共同商量愿意共同遵守的条文，这就是当今社会的礼制。慢慢地，某些条文也有了某种法的功能，不妨称之为"习惯法"。

礼约除了防止矛盾，也用于调解矛盾。调解既不是法律的，也不是宗教的，而是道德的和礼俗的，村民叫作"讲道理"。通常村民之间有了矛盾，不需要劳烦村委会，而是由乐和互助会里德高望重的人物出面劝解调停了事。遇到不能解决的，大家商量由乐和堂来处理。此时，联席会成员往往都要参加，扮演类似"陪审团"的角色。我参加了巫溪县三宝村的一个乐和堂处理矛盾的会议，双方陈诉理由，大概是倒车的时候

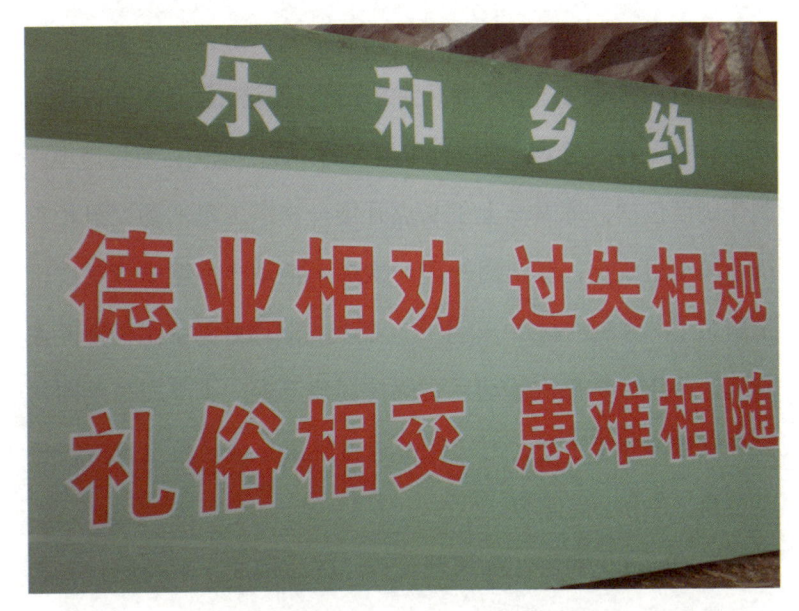

2008年四川彭州大坪村废墟旁树立的乐和乡约衍生了灾后重建村规民约细则

一方把另一方的屋角碰坏了，不知哪句话没说对，两边吵起来。经过讲道理协商，最后达成一致意见，一方付给另一方几百元作为赔偿。就在矛盾化解皆大欢喜的时候，拿到钱的那一方突然说："哎呀，我不要这钱了。乡里乡亲的，多不好意思，反正把理说清楚就想得通了。"

当礼约称为习惯的时候，无论什么小事都可以通过商量和礼约来解决，这也是一种礼治能力的培养。比如做酵素，曲阜周公庙的互助会成员成立了酵素小组，集体讨论制定《手工酵素坊制作制度》。该制度对时间、地点、人员结构、活动规则、管理制度都做了规定，比如管理制度规定：酵素手工皂小组由专人负责；活动空间内保持卫生的干净、整洁，不要乱扔杂物，剩余材料入袋、归纳；要做到电器关闭，以防电失，节约用电。制作制度包括：每周一上午9点开展一次手工皂活动，组长负责召集小组成员；每两周开展一次酵素活动，小组成员每次带上厨余（酵素制作材料）、果皮、器具，制作好的手工皂由专人管理。小组成员每次活动后要保持场地卫生。小组成员要向村民多宣传酵素手工皂，把环保带进百姓家。成员负责宣传销售手工皂，建立公益基金。

  第四，淳化礼俗。如果我们以"约定俗成"来表述礼制和礼俗，那么"约定"是礼制，"俗成"则为礼俗。礼俗是一种风俗习惯，化民成俗是教化的最高境界。一种善治的行为规范，开始是靠大家约定并由大家来遵守，久而久之，这些行为规范、处世规则成了人们的习惯，不需要约定，更不需要法律来强制执行。比如"德业相劝、过失相规、礼俗相交、患难相随"，最初是一种约定，故而叫作乡约，是为礼制，或者说习惯法；到了一定的时候，乡约变成了乡俗民风，礼制就成了礼俗。再比如老人倒地要去扶，是一种传统礼俗，它基于"老吾老以及人之老"的礼义，表现为以敬亲的态度前去扶起的行为礼仪，如果不去扶，会受到良心和社会伦理的谴责，则是无形的礼制，有着比法律制裁更严明的约束。

法是宏大的，礼是细微的；法是外在强制的，礼是自律自觉的；法是严肃的，礼是包容的。礼法合治，是中华民族古老的治理智慧。在两千五百多年前，中国的圣人就指出了国家刚性法治与文化礼治互济共生的关系。这样的治理思想为中华民族历代的礼法合治提出了方向，为今天推进国家治理体系和治理能力现代化提供了指南，也成为乡村治理模式的源头活水。

第二节
书院的六艺

传统书院推动了中国古代社会"文教"体系的诞生发展，形成了文官治理特征的"文治"政府，塑造了道德与信仰的"文化"系统，是中华道统、学统和政统之"三统"文明的传承载体，也是祠堂、中堂、学堂的"三堂"文化之教化摇篮。

在中国人的传统理解和习俗里，书院的"书"是指圣贤书，"读书人"是指读圣贤书的人。读书人因为读圣贤、效圣贤、育圣贤而得到中国人的尊敬，书院因为收藏和传授圣贤书而成为中国人的精神庙堂。

古代书院与社会政治密切相关。就像许许多多的文庙一样，书院关注天下时事，与社会直接相通。近些年来，不少有识之士致力于书院文化的复兴，他们的努力大致可以分为两个方面：一种是文人书院的重启，一种是社区书院的创新。其中，由文化人开设的被称为书院的有上万家，大多数书院处于场所恢复和活动开启阶段，有些国学培训的商业机构也被称为书院；而社区书院专指坐落在乡村或社区，直接为村民居民服务的书院。

复兴中华文化需要从社区做起,需要从弘扬中国文化的载体——书院做起,而现在绝大多数社区只有公共文化空间,没有社区书院,缺乏以中国文化为内容的文化服务;少数已有的社区书院缺少系统的中国文化课程,内容过于概念化和碎片化,不能实现对大众精神的引领作用。

人是需要精神寄托和文化滋养的。城乡社区缺乏基于历史根脉的凝聚人心的文教载体和文教服务,其他势力就会来"填"这个"空"。当越来越多的人拿着《圣经》,丢弃了《论语》的时候,我们还是中华儿女吗?中华民族几千年来从未中断的文明血脉,是靠着一代又一代的圣贤培养以及在文人书院中所开展的圣贤教育而延续的。重续书院教育,已成为当务之急!

一、共建乐和书院

在山东曲阜的泗水河边,有一个平常的村庄,但这个村庄却有着不平常的名字:书院村。这是因为与这个村庄一墙之隔,有一座不平常的书院——洙泗书院。洙泗书院位于洙水和泗水之间,儒家文化发源地即在此。孔子周游列国返鲁,在此删《诗》《书》，定《礼》《乐》，赞《周易》，聚徒设坛讲学。汉代至宋金时期，均名"洙泗讲堂"，元代改称洙泗书院。因此，洙泗书院是儒家祖庭，紧挨着这座书院的乡村因此得名书院村。

2014年10月，我受曲阜市委市政府邀请，为"学儒家文化，建乐和家园"提供社工服务。我第一次走进这座当时还是未开放的省级文物的洙泗书院时，深深为其静穆深沉的历史文脉所震撼，并且希望在书院旁的村庄建设乐和家园试点。但有关领导好心建议我们不要选这个村做试点，因为这个村庄硬件条件不够好，更重要的是各种矛盾问题不少。既然是试点，最好先易后难，另选一个条件好些的村庄来做。我在感谢了领导的这份关切后还是选择了书院村，理由是："谁让这个村庄就在洙泗书院旁边呢？如果传统文化不能帮助今天的乡村建设，为什么我们需要传统文化呢？"于是，我带着团队，带着"乐和"的理念走进了书院村。

在村委会的支持下，很快成立了3个互助会，由互助会协助村委，把既有的村委大院改造成乐和书院。一间本来的学习室稍加布置就成了国学堂，本来的接待室加以改造成了茶艺轩，能够腾出来的两间屋子分别做了农耕博物馆和养生斋。此外，院内一个旧仓库可不可以做小剧场呢？村委会带着"腾出车库和村委一部分办公室作为村民活动场所"的想法召开联席会议，征询一、二组互助会的意见，获得通过。

2015年4月28日，互助会组织了30多位村民，花了一上午的时间，把堆满杂物的房间收拾了出来。收拾好之后，紧接着，按照社工的建议方案，由街道及村委提供支持资金，互助会找来装修工人，逐步装修了底板、吊顶以及灯光音响。通过三事分流的办法，街道、村委和互助会各自分工完成了剧场建设，实现了成本最低、速度最快、参与度最高的效果。原本仅是用来堆放生产队各种农具零件的地方，现在成了一个有灯光、有投影，可以唱歌跳舞演戏的小剧场。每到晚上，老人、儿童和妇女便自主排演着各种节目，好一片欢腾。之后，每周的周一、周三和周五都有老师和学员们一起学习"耕、读、居、养、礼、乐"六个方面的国学经典，并使之成为生活的一部分。

2015年5月10日，是第99个世界母亲节，也是山东曲阜书院村第一个"孝道节"。上午十点半，在村委和社工的协助下，书院村三个互助会共同组织了书院村第一个孝道节暨乐和书院建成仪式，共200余人参与了活动。活动前，村书记召集了2次联席会议，讨论推举了1名司礼和6名司仪。活动中，我们邀请了6位80岁以上的老人上座，20多位父母带着孩子诵读《孝经》，年轻的互助会代表为席上老人献上白面做的寿桃，孝文化和礼乐仪式唤起儒乡人民的热情，孝道思想开始浸润书院村。

三个月后，古老的《礼运·大同篇》成了妇孺老少能诵会唱的"流行曲"；过去冷漠自私的村民，现在能够积极参与义务扫除及植绿护绿等乡村公共事务；过去从不登台的妇女，现在成了小剧场的演员；过去一毛不拔的村民，能把家里的老农具老家具捐给村里的"乡村记忆博物馆"；许多村民学会了以传统礼仪相见；在村里的孝道节里，年轻的媳妇为长者敬茶鞠躬，"节气行"成为日常的公共生活。这个过程中，许多乡贤站出来分担公共责任，村干部也不同程度地改进了工作方法和工作作风，使得干群关系得到显著改善。村民们受到更多的尊重，村干部受到更多的尊敬。守望相助、天下为公的儒家思想在这里播下种子，成为看得见、摸得着、走得进的百姓生活。听到有

2015年曲阜书院村村民共建乐和书院

人感叹书院村"三月大变",我问村书记:"果真是三月大变吗?"他回答:"哪里是大变,是巨变!"

书院村的故事只是乐和家园实践中又一个令人欣喜的例子。而乡村书院(或曰农村社区书院)的探索可追溯到2008年四川彭州大坪山。2008年,我带领团队走进地震极重灾区彭州通济镇大坪村参与灾后重建。我们邀请西安建筑设计院设计了村内"乐和书院"以及农耕博物馆。乐和书院主要用于村庄的各种农业技术培训、文化培训、农耕博物馆乡土文化的保存和展示。

2010年,"乐和书院"成了重庆巫溪县乐和家园建设的重要内容。在巫溪县委群工部的推动下,各村都建立了乐和大院。大院承担了公共议事、开展培训、组织文化娱乐和节庆活动的功能,同时也具有书院的功能。在县城,也专门建立了乐和书院为各村服务。这一阶段还总结出了乐和书院在城乡社区的培训、管理、运营方式,以及书院的活动和课程等。

乐和家园的成败,关键在人心;人心如何,关键在教育。巫溪乐和书院探索了一套行之有效的社会教育方法:办乐和书院,用教育开启民智;行乐和礼仪,用礼俗淳化民风;搞乐和文艺,用礼乐陶冶性情;评乐和明星,用榜样营造时尚;推乐和传媒,用媒体扩大影响。其中,乐和书院是最核心的社会教育创新。

2013年，乐和家园开始在重庆南岸区落地。南岸区社会工作培训基地（又称"乐和书院"）位于峡口乐和谷，是以公益为灵魂、国学为内涵、乡村为根基的现代书院品牌，承载着总结社会治理创新经验、挖掘提炼三事分流工作法、弘扬优秀传统文化的功能，担负着将"国学心法"转化为"社工方法"的跨界使命，于2018年3月27日正式挂牌。

南岸区社会工作培训基地地处南山山脉背部，背靠青山，坐拥溪水，有良好的自然生态环境，主体是原大石村小学，占地面积5620平方米，建筑面积1125平方米，拥有1间大培训室，8间小培训室，办公及储物空间若干，2个天台，2个操场院坝，教学设备齐全。

一进书院，可以看到"孔子讲学"青铜照壁。一楼的五根立柱分别展现儒家五常、解字、《论语》经典，以及"农田是久远的古迹""农具是千年的文物""农村是古老的名胜""农夫是历代的亲人"四句话。一楼四间教室分别是先圣堂、先师阁、先贤坊和村小记忆馆，展示着中华文化的14位先圣、10位先师和10位先贤的生平事迹、典籍记录以及对现代社会的启示，是社工及党员干部了解中华道统、学统以及社会治理的生动教材。

基地由北京地球村及其孵化的在地组织——重庆市南岸区乐和社会工作服务中心运营，是一个集专业培训和社区教育于一体的乡间教育别院。

位于重庆南岸峡口镇大石村的乐和书院

二、发挥教化功能

在修复乡村社会、学习社会治理、探索乐和教育的过程中，我们深深体会到，学和习必须并重。村民的实践能力是最重要、最宝贵的能力，但实践能力的提升，需要学习有效的方法技巧。这种学习发生在课堂，更要在社会实践中培养锻炼。没有社会建设的文化建设根基不牢，只强调个人修养而不关心和参与公共事务的文化复兴是空想。组织起来的村民才能处理村社公共事务，而只有在公共事务的参与和处理过程中，村民们才能真正体验和学习，将学习内化成行为。乐和家园的建设过程，也是研发六艺课程、开展六艺活动的过程。六艺指"耕、读、居、养、礼、乐"，分别通过书院的六个空间载体来实现。

1. 国学堂

以"仁、义、礼、智、信"和《礼运·大同篇》为基础内容，通过读、写、讲、用的方式开展学习活动；通过周四课堂，在村民心中强化本地的传说故事、家谱、家风、家规、植物、山水等自然人文资源的价值，让"百姓日用"的"道"成为村民愿意讲述和传承的内容。通过教孩子《弟子规》《三字经》《论语》，小手拉大手，让乡村接上传统文脉。我们曾经在巫溪发起全民读经活动，还邀请巫溪村民到北京参加100天的读经活动。读的经典是《论语》，单纯只是诵读。100天过后，一位村民跟我说："我有脱胎换骨的感觉，以前我只是一个农民，现在我要做君子！"这位村民在读经结束后，张罗着买汉服，内心的"明德"被经典唤醒，这件事情让我印象非常深刻。国学堂也不只是读经和上课，相关的歌谣、快板、手语等，也都是学习内容。于是，"大道之行也，天下为公。选贤与能，讲信修睦，故人不独亲其亲，不独子其子"的"礼运大同"手语歌成了村里的"流行曲"，乐和理念与社会主义核心价值观的传播成了村民喜欢表演的"三句半"：

我们四个台上站，一起说段三句半，每人都把乐和赞，开练！

天地人和精神爽，乐在其中心欢畅，社区好了祖国好，富强！

组成乐和互助会，公共事务大家做，乐和代表助村委，民主！

乐和礼仪好风景，乐和礼俗暖人心，常礼大礼生日礼，文明！

乐和养生节气行，扶老携幼像过节，家庭和顺邻里亲，和谐！

自立自主多沟通，彼此尊重多包容，己所不欲勿施人，自由！

有了乐和联席会，村居两委来召集，相互尊重来协商，平等！

乐和大院风气正，乡贤公道化矛盾，彼此体谅多包容，公正！

乐和书院学六艺，乡童乡亲来学习，讲法懂法守法纪，法治！

乐和庭院好生活，孝慈千年暖心窝，家国天下根脉在，爱国！

乐和生计一股劲，乐和社工来助力，生态农场生态游，敬业！

乐和人居不简单，环保酵素大家传，敬天惜物做好人，诚信！

小剧场里笑开颜，男女老幼把戏演，快板歌谣声声欢，友善！

我们四个小伙伴，说到这里为一段，下面还有好节目，接着看！

2011年巫溪村民读经团在北京东四乐和社区交流会上诵读《论语》

2. 食育坊

食育坊作为微型的乡村博物馆,可以把乡村记忆和传统农艺留在村里;收集老农具和老家具对其进行布置,开展生态农业和食物教育活动,并与乡村旅游相结合。

山东曲阜梨园村的"拿手好戏"是"农具秀",就是把种地的农具走秀式地展演出来,让人们知道麦子成长的经历和农人的劳作。伴随着走秀和音乐,还有解说词,"农具秀"传递着乡村的价值——农田是久远的古迹,农具是千年的文物,农村是古老的名胜,农夫是历代的亲人。以乡村为舞台"秀"出风采,这成为村民和城市客人喜闻乐见的浸入式的体验。在重庆南岸峡口乐和谷,在社工的助推下,村民陆续挖掘豆腐乳、豆花、洋姜、腌大蒜等传统食品,其中,峡口豆腐乳更成为南岸区级非物质文化遗产。在酉阳,我们挖掘整理山歌、薅草号子、草凳子、稻米文化等传统民俗,让大山深处的村民"看见"自己的美。

3. 绿色风

从做生态环境讲座、制作环保酵素和手工皂开始,乐和社工逐步引导村民开展农药化学污染防治、垃圾管理和义务大扫除等环保活动。曲阜周公庙社区原来是一个农耕乡村,也是一个典型的熟人社会。大家平时除了接送孩子上学,主要的业余生活就是打打牌、跳跳舞、逛逛街。虽然大家都很熟悉,但是街坊邻居很少聚集到公共空间一起交流。2015年9月,乐和家园来到了周公庙,大家一起出演"礼运大同"手语舞,把社区的一块公田做成了有机小农场。曲阜周公庙社区的公共活动中,最有意思的是酵素的引进。居民接受老师的培训后,将红糖、菜蔬果皮、白水按照1∶3∶10的比例发酵三个月,制成可以用来洗脸、洗头、刷牙、制作环保手工皂的酵素,"垃圾水"成了香饽饽。一个阿姨兴奋地告诉大家,她用老师教的环保酵素洗

乐和家园倡导"使用绿手绢、减用餐巾纸"。2008年四川彭州大坪村生态协会成员将绣制的绿手绢送给前来探望的领导

手,手都变光滑了。社工也纷纷听到其他居民诉说手工酵素的功效,于是推动召开了环保酵素联席会议,邀请周公庙互助会讨论如何推广环保酵素。就这样,十几个阿姨每人出了一百元公用基金,讨论了环保酵素的活动规则。在社工的辅导下,大家定期开展环保酵素制作活动。每次活动完,大家还要开展15分钟的读书会。社工开玩笑说,让环保酵素也听听经典,发酵出来就是礼乐酵素啊!

4. 节气行

组织村民进行节气活动,将节气食养、功法养生、经典养生、环保养生、礼仪养生、文化养生结合起来,进行大健康养生。以功法养生为主,我们在各个乐和乡村都引进了张明亮先生24节气导引术和易行养生操。易行养生操其实是五分钟导引法,包括:一分钟伸展操,以练形为主,"伸展"全身,使脊椎及颈、肩、腰、腿等各类疾病得到改善,并帮助纠正不良姿势;一分钟呼吸法,以炼气为主,通过呼吸吐纳,促进体内气血运行;一分钟冥想术,以炼神为主,通过冥想木、火、土、金、水,配合相应的动作,体会人与大自然血脉相通、息息相关的状态;一分钟拍打功,以疏通经络为主,通过拍打这种简易的自我按摩,使淤者散之、虚者补之,有助于清除体内垃圾,排除毒素,调畅气血;一分钟五禽拳,以整合形、气、神、力的综合功能为主，通过手、眼、身法、步法的协同配合，促进肝、心、脾、肺、肾五大系统之间的生态平衡，有助于培力增勇、整合身心、激发潜能。

教村娃们五禽拳也是乐和社工的服务内容

5. 人生礼

乐和乡村的礼仪分为常礼、大礼和祭礼。常礼是大家约定的行为规范，在乡村普及的乐和礼仪（常礼），包括挥手礼、拍手礼、拱手礼、鞠躬礼乃至大拜礼等；大礼是在乡村层面举行的开笔礼、成人礼等；祭礼主要有三祭，清明祭祖、冬至祭天、夏至祭地。在古代，皇帝每年都要祭天、祭地、祭祀圣人和祖先，而在一个小小的村落里，也会有重要的祭祀活动，那是中华民族共同体在不同层面与天地的沟通方式。

我们推广礼仪教育,多以人生礼为载体。人生礼源自周礼,被当代贤达整理为人生十礼,包括胎教礼、接子礼、命名礼、开笔礼、成童礼、成人礼、婚礼、乡饮酒礼、葬礼、祭礼,是人成长历程中10个重要的节点。在优美宏大的礼乐仪式中,参礼者内心笃定、恭敬,给天地万物以告慰。在礼乐中,以礼为媒介,实现人与天地的沟通。世俗的社会人有了与天地同在的终极归宿和准绳,普通的生物人有了一种独与天地精神往来的神圣与高贵。

6. 小剧场

在曲阜书院村,乐和社工因地制宜地建设并装修乡村小剧场,将乡村小剧场的硬件软件建设作为公共文化品牌认真打造,引导文艺骨干组织各种丰富多彩的活动,鼓励大家把乐和的理念与生活演出来。

在曲阜书院村,村民与社工一起演出了"黄豆的故事"。这个故事讲的是大家共同耕种的一块原生态小农场种上了黄豆。豆子成熟后有外人来偷,互助会组织起来,凌晨3点就起来轮流执勤,最后保证了丰收。表演的时候,绘声绘色的情节不时惹人捧腹大笑。

在曲阜姚庄村,互助会的姐妹们给大家演出的也是自己村里的故事：一个媳妇打了婆婆，丈夫知道后，赶回家和媳妇发生了激烈的冲突，孩子因为妈妈的行为感到抬不起头。后来在左邻右舍和娃娃团小朋友的帮助下，媳妇幡然醒悟、痛改前非，一家人终于和好，开始新的生活。演出的时候，台上的演员进入角色后哭成一团，台下的观众也不时抹着眼泪。这些极具表演力的演员都是本村互助会的女代表，经过社工短期的培训，就能绽放出本然的能量。而社工只是经过北京师范大学应用戏剧研究中心马利文教授为期几天的培训，便可以将戏剧教育的方法与社会工作的手法相结合，达到预期的工作目标。

此外，我们还在曲阜推动了乡村春晚的流行。从 2015 年 12

2014 年曲阜周庄村小剧场前村民排演农具秀

月开始，社工为10余个村的150名乡贤开展了戏剧教育、文艺活动的培训，排练了20多个精品节目，有快板、小品、短剧、三句半等，内容涉及环保、孝道、美丽乡村、乐和家园等。到了春节，社工引导各个村搞乐和春晚，村里的男女老少齐聚一堂，欢声笑语，用歌声表达对幸福生活的向往，用戏剧呈现对乐和生活的认知，用舞蹈表现提振起来的精气神。在这个过程中，我们发现，一台乡村春晚应该成为每个乡村的保留节目，它凝心聚力，是一种寓教于乐、喜闻乐见的综合活动，可以起到意想不到的社会治理效果。

三、探索保障机制

乐和文礼是乐和家园的灵魂，需要县域治理或者说以区县一级的地方治理作为支撑。乡村书院作为乡村的精神庙堂，要想持续健康发展并发挥最大功效，必须从运作机制和落地管理机制上下足功夫，做好设计。我们根据过去十多年城乡社区书院的经历，同时借鉴厦门等地社区书院的经验，对未来乡村书院的运作机制、参与机制、管理机制、造血机制、激励机制，进行了一些综合性的思考。

第一，保障机制。建议探索统筹合力，将涉及群众精神文化宣传教育的相关单位联动起来，在工作机制和服务内容上进行统筹整合，把乡村书院打造成向村庄投送精神文化产品或项目的统筹平台。探索宣传部牵头，教委、民政局、文旅委、妇联积极参与协同的机制，以期发挥资源整合的整体效力。乡村书院的硬件依托是既有的文化基础设施，包括县党校、行政学校、职业学校、村镇的党员活动室和文化活动站，与之配套的是已经建设好的数字技术网络平台和正在建设中的村村响的广播系统。

第二，参与机制。乡村书院的教育系统由党委政府直接领导，在试点村由村支两委负责，互助会组织实施，公益机构提供师资教材等软件保障。根据参与的群体组成，探索建立企事业团体和教育系统共同参与乡村书院建设的机制，改善乡村书院的硬件条件。健全和完善居民群众参与机制，建立"乡村能人库"，鼓励具有特长的志愿者，积极参与乡村书院建设，服务村民，并影响、带动更多热心村民加入。依托高校建立乡村书院信息服务管理系统和书院总部网络平台，并联通所有乡村书院，将传统教育和网络教育相结合，实体书院和网络平台相融合，共享精品课程录像及优质学习资源，推动线上线下教育同步实施，提高书院教育的时效性和覆盖面。

第三，运作管理机制。探索书院理事会自管、市场化运作、合作化共建三类书院运行管理模式，厘清村支两委、书院理事会、专业社工团队、共建单位等不同主体的职责和相互关系,规范乡村书院日常管理和运作方式。既要促进书院有序运行,又要减轻村庄的负担。因地制宜地搭建"村支两委+乡村书院理事会+社工队伍+社会组织+志愿者队伍"的组织框架。村支两委牵头抓、抓大头、总统揽;乡村书院理事会具体承办乡村书院的日常事务;社工队伍协助村支两委和乡村书院理事会开展特殊人群的社会工作活动;社会组织根据群众多样化的需求,开展低于市场价格的个性化、专业化服务;志愿者队伍则在村支两委和书院理事会的组织协调下开展丰富多彩的志愿服务活动。

第四,造血机制。针对书院人、财、物三个方面的保障制定实施意见,规定乡村书院管理员配备、理事会人员配备,稳定书院建设必需的管理队伍;从投入专项经费、引入公益组织、政府购买服务、社会公益资本参与四个方面明确经费来源,为书院长效运行提供可靠保障;同时,培训、考核和监督机制的强化,也将为推进乡村书院可持续发展提供制度保障。

第五,激励机制。积极开发和利用信息化手段,完善信息共享、刷卡记录、积分统计等,把大数据的运用与表彰激励机制有机统一,定期对各乡村书院、授课老师、书院学员、志愿者等进行考核、评选、表彰,营造浓厚的学习教育氛围,推动乡村书院持续有序发展。

第六，融合机制。让乡村书院建设与新时代文明实践中心建设有机融合。2018年，中共中央宣传部提出了建设新时代文明实践中心的任务。这样一个措施是站在国家层面整合各类资源，提升城乡社区居民道德素养的措施。那么，乡村书院与新时代文明实践中心是什么关系？乡村书院应该是新时代文明实践中心的重要组成部分，主要负责传播和弘扬优秀传统文化，而《论语》等经典则应作为乡村书院的核心读本。这是用老传统实践新文明，用传统智慧深化文明实践的可行路径。

第七，服务机制。书院的持续服务是需要委托专业机构来实施的。以乐和书院为例，服务对象首先是直接参与乐和家园建设的乡村干部和和乡村骨干；其次是乡村特定人群，如留守儿童的监护人等；此外，还有县内外有志于公益事业的企业管理人员、社会组织骨干、基金会工作人员、学校的德育老师等。

乐和书院的教育内容主要涵盖五个方面：关于乐和治理的社会管理教育和社工培训；关于乐和生计的产业模式和经营购销模式的技能培训，包括农艺师、手艺师、导游员的专业技能培训；关于乐和养生的食育、体育、保育以及治未病保健师的培训；关于乐和礼义的国学经典教育、文艺技能以及媒体传播培训；关于乐和人居的环境教育、生态民居、环境工程以及乡土工程师培训。还有一个重要的任务，就是乡村家风家教服务能力建设，包括像重庆南岸峡口镇乐和谷的周四课堂那样，为村民提供家风家教的直接服务。

第八，培养书院新先生。"新先生"一词是对古代基层文教系统"老先生"的传承与创新。古代的学校主要是由大家庭建立的私塾，由村庄族人依托祠堂建立的学堂承担。教书的"先生"基本都是世代生活在村庄里的秀才、举人，他们对村庄充满感情。教书先生是村中的文化人，在村中为族人亲戚写春联、代写信、写状子，发挥着重要的文化服务和传播功能。

几千年来，中国古代的童蒙教育是学堂、祠堂与中堂相结合的教育，用今天的话来说，是家庭、学校、社区三位一体，是实实在在的家校社共育。"先生"不是硬性的职称，而是软性的文化性尊称，其相较于硬性的职位称谓，更能够持久获得被称谓者的心理认同，这种认同有助于激发个体的责任意识和家国情怀，是在尊重多元现实基础上的一种人格榜样引领。中国文化自古崇尚富而好礼，贬斥为富不仁；崇尚达则兼济天下，贬斥一毛不拔。而在近现代，这种文化逐步没落乃至濒临消失。大家只有职位称谓，而没有读圣贤书、做乡贤的身份称谓，更没有被家乡和社区认可的身份称谓了。

既然被称作"先生"，一定是要读圣贤书，学习和传播圣贤文化的。那么，乡村书院的新先生主要培训什么？培训的课程除了诵读经典《论语》《大学》《中庸》以外，还有"耕、读、居、养、礼、乐"的新六艺课程，以及整合了西方心理学与中国优秀传统文化的家庭教育课程。这样的课程，主要内容有修己以敬的情绪管理与家庭礼约，立身以信的榜样之道，传承以孝的生命智慧，乾坤之理与夫妇之道，勤俭持家的兴家之路，亲亲以仁的家人之爱，守望相助的邻里修睦，触摸母城的家国情怀体验等。

书院新先生的来源可以是经过专门培训的大学生，也可以是城市退休人员。他们是为乡村书院服务的乡村新先生或者家庭新先生，重续乡村尊师重教的文化，重燃中国人读圣贤书、做圣贤事的家国情怀，重塑中华民族共同体的社会人格建构。新先生在暑假或者周末到乡村服务，作为乡村公共文化服务的执行者，受到应有的尊重和鼓励，以及相应的回报。

第三节
庭院的家风

无论是乡村治理，还是乡村教育，都必须以家为根基。乡村工作做不到位，就是没有"做到家"。家是中国人最基本的存在单位、情感单位、道德单位、认知与知识单位、治理单位，是人的安全感、归宿感、归属感和幸福感的主要来源。家是一个差异互补共生的家人共同体，一个联结着家族和祖先的生命共同体，一个以"天地国亲师"为生存场域，承担着家庭、家族、家乡、家国使命的共同体。中国人的德治，是基于家来实现的，所以从本质上看，中国人的德治也是家治。

而随着现代社会的演变，太多的家仅仅成了居所，成了仅仅是搭伙过日子的地方。太多的个人问题、家庭问题和社会问题，是因为家庭共同体的解体，哲学原因则是中华传统的全息化、整体化思维被西方的物质化、个体化思维洗脑，这种思维像一把把锋利的剪刀，剪断了个人与天地国亲师之间的脐带。家因此成了无根的家，人因此成了无根的人。

一、复兴庭院家风

复兴中华家文化、重启家的根力量,我们是从"中堂文化"的重塑开始的。

2008年,地球村作为四川汶川地震极重灾区的灾后重建团队,走进彭州通济镇大坪村。这个村庄90%以上的房屋倒塌,只有一座木制的老房子安然无恙。这座典型的川西民居,最中正的堂屋——"中堂"里,挂着"天地君亲师"牌位和"祀先祖如在其上,佑后人焕乎维新"的楹联。我们一问才知道,这里家家户户都有这样的中堂和牌位,村民称之为"香案"。

十多年过去了,这些香案还在村民的中堂里。我们清楚地知道,在乡村建设中,不应该只着眼于有形的物质方面,还要去发现和发掘几千年乡土文化无形的遗产。不应该把一些虽然看不见,但是延绵和维系了几千年的,也许现代科学还没有能力破解与理解的习俗斥为迷信而摈弃,而要用有形与无形的整体全息的世界观去看待和对待整体全息的乡村世界。

有人说,中国人的信仰是敬祖。这只说对了一部分,其实中国人是通过孝亲敬祖与天地联结,本质是信天信道,信个体之上的无形力量、整体力量、宇宙力量。

从传统社会的家庭布局来看,中国传统家庭中堂(今天的客厅）以文化为中心，往往挂着名人画像或者祖宗像，摆着天地君亲师或天地国亲师牌位。古代中国人就是在这样的布局中时刻保持着自己与祖先、圣人乃至天地的联结，将自己幼小的生命融入永恒的博大之中。

中堂是一个世俗生活与神圣性交汇的空间，在这里通过敬畏来与神圣性联结，与列祖列宗的"亲"、历朝历代的"国"、明理明道的"师"、万事万物的"地"、无形无相的"天"相联结。中国人的信仰在家里，在每个家庭的中堂里。中堂也是婚丧嫁娶等家庭仪式的底座，是让家规有着礼法般效力的地方，是家里的个体最直接、最肃穆的空间。

在乐和家园建设过程中，在有"香案""香火"传统的村子里，我们通过活动、走访等形式，充分肯定传统中堂的价值；在现代化了的村子里，我们则通过村民教育以及引导，让村民愿意尝试重新恢复家里的中堂文化。恢复中堂没有想象中那么难，因为每个家庭都有自己尊崇的核心理念。我们通过帮助村民采购中堂画、楹联，布置文化墙，修改房间格局等方式，将村民家庭的核心价值显性化。其他村民走门串户时看到这样的变化，也希望改造中堂。

中堂的重塑，其实是村民家庭核心价值观念的重塑，在很大程度上彰显了庭院的家风。《大学》言："所谓治国必先齐其家者，其家不可教而能教人者，无之。"两千多年来，中国的社会精英阶层无不读着儒家的经典,并将其理念落实在生活中,由此缔造了伟大的中华文明。这个文明的特点就是推己及人,就是家国同构。

中华几千年的文明史留下了各种各样的治家格言、家规、家训、家史、家谱,它们记录着世世代代的中国人对家的深刻认识和理解。

从传统社会家庭的家风来看,孩子从小就要学习以孝悌忠信、礼义廉耻为主要内容的家规家训。无论哪个家庭都将儒家文化作为道德理性的主要内容,作为传家的智慧,一代代传承。

从传统社会家庭的传承来看,家庭被融入祠堂,被写进族谱,通过字辈来铭记一代代先人的高风亮节和丰功伟绩,家族的荣耀从来都是从孩提时代就被父母耳提面命的。

就这样,传统社会通过家规、家训、家族字辈、家庭中堂、家族祠堂乃至家学一代代传承孕育,形成了"耕读传家""忠信传家""诗书传家"等家风传承。这样的家庭建制乃至这样的家风流传,如同"治未病"一样,从根处预防了今天社会太多的家庭矛盾和问题。

然而,在当今的时代,单纯从个体教育入手开展家庭教育,只能挽救一个家庭,难以大面积地造福一方,为此,就必须有一种结合政府、学校、社会、社区的家风建设工程,让家风建设和家庭教育成为常态化、建制化开展的公益项目。为此,乐和社工团队经过六年的摸索，两年的集中攻坚，于 2019 年春协同南岸区委区政府，启动了"九九家风"家文化建设项目，以期破解当今日益严峻的家庭教育和家风建设问题。

"九九家风"以九家九字命名，九家即"家庭的礼、家族的字、家乡的歌、家屋的景、家里的信、家人的安、家传的艺、家园的事、家国的情"，是为德治；九字即"孝、和、勤、俭、仁、义、礼、智、信"，是为德行；通过建立"家—校—社"共育机制，让家风建设的九个方面成为学校的课程、家庭的作业和社区的活动；通过家校社联手的德育，实现以家为根本的德行和德治，重塑现代人的家国情怀，重启家的根力量。

2019 年"九九家风家文化建设项目"在重庆南岸区启动

二、重续家谱族谱

人活一世，最终极的三个问题是：我是谁，我从哪里来，我向哪里去。我们从哪里来，社会学意义上，有家乡；地理学意义上，有祖籍；文化人类学意义上，有姓氏；生理意义上，有祖先。这些里面，生理学意义上的源头是唯一无法改变的。我们的生命是从父亲母亲那里来的，上面有祖父祖母，再上面有曾祖父曾祖母；再往上，一代一代，生生不息。我们追溯生命的源头，就像树在寻找自己的根脉，就像河流在寻找自己的起源。我们的头脑中，会出现一个树状的形象。一个家族，呈现在一棵大树上，我们经由这棵大树来认知家族，认知自己，认知"人"，知道来处，明白去处。

然而，在当下，如果问我祖先在何处，可能往上推三代都难，"从哪里来"这个问题是回答不了的。不知来处，那么去处在哪里？这个问题就更难以回答了。人虽然生活在都市里，城市的便利让人的很多需求都唾手可得，但是安全感、归属感、归宿感、幸福感，却离我们越来越远，太多人感到孤独。

诗人吉狄马加写道："一个孩子，站在山冈，双手捧着被剪断的脐带，充满了忧伤。"

在娘胎中的时候，个体和母体靠着一根有形的脐带连接。出了娘胎，个体与母体的物质脐带断了，但是不是还有一根无形的精神脐带呢？

天生你，地养你，国佑你，亲育你，师教你，宇宙间有多少爱，默默怀抱着你？我们该怎样做，才能抵抗孤独，连接到那根无形的脐带?答案是——孝亲认祖。认祖,要从姓氏开始。

乐和团队中有一位社工刘园,山西人,回到老家后第一次看到自己的族谱,封面上有几个字:水头刘氏族谱。她的奶奶生病卧床,摸着家谱,枯枝一样的手指,指着几个字,水、头、刘,她认得这三个字。这个奶奶目不识丁,一生只认识四个字,水、头,是地名;刘是夫家的姓;荀,是娘家姓。这四个字,跟她的祖辈、此辈、后辈密切相关。地理上的源头与姓氏的源头,是她之所以成为她的标志。

"祖"的造字是"示"和"且"。"示"是一个供桌,敬神之意;"且"是祖先的牌位,祭祖的意思。中国的祭祖就是祭神,祭神也是祭祖,是一种人神合一、天人合一的思想。"宗"的意象是:一个房子里有供桌,供桌上有牌位,这是大家族的宗祠。这两个字,其共同的地方在于,它们都涉及到牌位。牌位固然重要,更重要的是牌位承载的列祖列宗,这是中国人无法丢弃、不能丢弃,可以让自己知来处、明去处的无形力量。

乐和社工的书法老师童先生,是重庆北碚静观人,送给社工一本《静观童氏三睦族史简介》[①]。这个材料,社工看了不下五遍,每次看都感慨万千。这个族史,由"根源、家园、梦圆"三个部分组成。"根源",主要讲的是童姓的由来,以及童家这一支从山西雁门到安徽巢湖,经江西吉安迁到湖北孝感,又从

[①] "三睦"是指敦睦祠、雍睦祠、尊睦祠。

孝感迁到重庆北碚静观的1800年的历史。"家园"这一章，讲的是童氏这一支如何在重庆落户，以及其后祠堂命名、排定辈系、清明盛会、兴学育人的历史。"梦圆"是新中国成立后的家族概况。其中，在讲到家族迁移史的时候，呈现的是湖广填四川移民史①的一个普通家族的案例。其中有一个细节：

夕阳西下，玉兔东升，天空灰暗下来。先祖一行就在路边觅得一间破旧草屋，埋锅造饭，铺席就寝。第二天天刚亮又出发了。没走多远，志高祖发现，从孝感出来一直随身携带的童家家谱，忽然间不知去向，急得他立刻掉头沿路回去找。可是，无论怎么找，也不见族谱的踪影。志高祖冷静下来后，做了这样的思考：老祖先要我们就此止步吧？要我们在山清水秀风光如画的静观场安居下来，就像在渤海、在雁门、在吉安、在孝感那样，用我们的双手新建一个家园，数十年，数百年，乃至数千年在此生活下去，生儿育女，兴家立业，创造美好的未来。

家谱，是家族的历史，但不仅限于历史。"家之有谱，犹邑之有志，国之有史也。"即便是散佚的一本书，也是值得信服的历史，是确凿的生命源头的记录。

---

① "湖广填四川移民史"是一段久远的移民历史，现在的重庆人绝大多数是湖广填四川的移民后代。

社工刘园结合家谱以及她们老家当地的一种祭祀用的"神单",整理了一个"家族树",即一个倒着的家族世系图,发给家里的各位亲戚。"大家似乎都是第一次看到祖上五代人,第一次离祖先爷这么近。"她说,从此以后,她终于成了一个"靠谱"的人,并把绘制家族树的方法用在社区与乡村的家风家教活动中。

与村民一起寻找与保存家谱族谱的过程,也是了解中国的"字派"或"字辈"文化的过程。我本姓"卢",随母姓廖。父亲家族的字派诗是:"国年映金远,立言光祖崇,贤良方正在,应辅本朝隆。"母亲家族的字派诗是:"登必文光,尚其世泽,敬以宣天,永昌大德。"我在父系的字辈是"祖",在母系的字辈是"天"。我想这也是历代祖先对我辈兄弟姐妹"敬天""敬祖"的殷殷嘱托吧。字派诗一方面规定了家族代际的序位,同时也表达了先祖对子孙后代的殷切希望。这个希望,往往不会局限在小家族,而会放置在更广阔的"家国"的范畴。这两个字派诗可以窥斑见豹。

我们寻根问祖,是为了接上祖先的脉,让自己成为有源之水,有本之木;其实是为了自己能够立身行道,继承家命、祖命和国命,拥有承担责任的能量。所有家谱都在记录祖先功业,都是为了后人效仿和学习。头上三尺有神明,最近的神明就是祖先。

这些人人遵守，人人认可，深入到骨子里的行为准则，就形成了家风。现代人的孤独、抑郁、焦虑，在很大程度上是因为与祖先的连接断了。我们经由姓氏、家谱，可以接上祖先的脉，连上祖先的根，根深才能叶茂，生命才能绽放。

文以载道——汉字载的是千年文脉，我们身上则连着千年血脉。寻根问祖是中华孝文化的常识，我们不能把孝文化给窄化，更不能将它污名化。通过一本家谱，我们可以连接到姓氏源流，脑补出家乡美景，体会到家国情怀，真实地了解到那些尘封的历史如何深刻地影响着普通的百姓人家。经由姓氏、家谱，我们能够感受到生命的长度、宽度、厚度和温度，感受到瓜瓞连绵的意义，感受到个体和整体的关系……我想，这才是我们今天谈论孝道的真正意义。

三、重修家庭礼约

家庭是以感情为纽带、血缘为根基的，但这不等于没有秩序、没有规则。中国人习惯把规则变成规矩，而家庭的规矩就是家规家训乃至家法；也可以说，家规、家训、家法，就是家庭的礼制。

现实生活中，大多数的家庭关系都没有处理好，其中很重要的原因就是家里的礼制没有建立起来。夫妻父子之间，要么只有"亲"，没有"敬"，要么被西方文化影响，用冷冰冰的协议来处理家庭关系，用法制伤害亲情。在中国文化中，调和这两种极端的方式就是用家规家训建立规则规矩，使得家庭成员之间不仅有与生俱来的"亲"，而且有后天教化的"敬"。

有人说，家庭不是一个讲"理"的地方，但必须是一个讲"礼"的地方。礼就是家庭成员之间温情的约定或者祖传的规矩。一些家事没有处理好，还是因为礼不到、敬不够，而不少家庭矛盾和纠纷也可以用礼来化解。生活中，儿子给父亲倒茶点烟开门，就是从敬开始的；夫妻之间尊重对方，也是要靠礼来体现。家庭的礼义和礼仪通过家规家训来敦厚滋养，才能使家成为可敬可亲可依可靠的生命港湾。家庭是差异、互补、共生的细胞，尊重、沟通、包容的道场，是情感和规矩并重的单位。所以，要以礼重拾家庭和家族间的敬爱之情。

现代社会的家庭里，代际、夫妻之间、亲戚之间由于礼的落寞和混乱出现的失序，是造成当今社会诸多家庭问题很重要的原因。

"家和万事兴"是所有家庭的内在需求，中国人的家是情和礼交互作用的场所。国有国法，家有家规，家规是家风建设中最重要的内容。现代家庭无法照搬古代的家规家训，需要一种新的方式来建立家规。

我们引导家长建立家庭礼约，逐渐形成"515家庭礼约操作流程"，即：明道理、求诸己、善沟通、定礼约、解难题，共五步十五字的新时代家规建设流程。

家庭礼约是以礼义为核心，以家庭为单位，针对家庭中容易出现问题的家庭事务、生活习惯与相处方式，通过家庭会议沟通商量，相互之间约定并提醒实施的解决方法。这套办法以"礼约"为核心，尊重家庭成员的差序和共生属性，是现代家庭容易理解、接受和效仿的"新家规"制订方案，让很多家庭的亲子关系得到缓解，夫妻关系变得融洽。

我们实施了一套行之有效的家长服务模式，专门解决很多家长"知道"但"做不到"的问题。具体而言，一般服务模式为：社工一对一服务+微信社群+云书院课程+家庭作业+周末家风故事会。这样的服务模式，核心要义在于引导家庭建立"家庭礼约"，让全体家庭成员受到一种柔性的、平等的、充满温情的"礼"的约束，进而形成新时代家规。也正是这套服务模式，让家风建设成为"知道"且能"做到"的操作技术。

此外，多部门联席机制必不可少。南岸区成立了由文明办牵头，由教委、文旅委、民政局、妇联和试点乡镇以及社工机构组成的联席会，定期召开推进会。

经过9个月的实践，我们收获了一批可圈可点的家风故事，惊喜地发现——礼约能断家务事。参加"礼约好人家培育"

的家庭，有的通过礼约解决了孩子沉迷网络游戏的问题，调和了大宝和二宝的矛盾；有的通过礼约缓和了婆媳矛盾，家庭成员各安其位、各尽其能；有的把家庭事务分成大事、小事和私事，很好地厘清了家庭成员的责任边界，让家在"情"之外有了很多的"理"……这些案例，让人看到"反求诸己明、相与情谊厚、向上之心强"的中国精神从家庭复兴的希望。

2014年酉阳县小岗村谷雨节气行活动前，孩子搀扶老人们入座

现代家庭礼约目前主要在城市家庭探索和实施，也会运用到乡村的家庭。在乡村、家庭礼约主要体现在对家规家训的传承上。

在四川大坪山，我们以乡村书院项目示范户的方式保存他们的香案文化，保护这一份敬天法地的信仰和信念；在重庆乐和谷，我们鼓励村民重建中堂，把家规家训和祖先的照片挂出来。我们组织活动去古镇的宗祠参观，通过家长课程进行横向的凝聚和纵向的联结，让逐渐凋零的家文化不仅残留在春运的车上，在清明扫墓的路上，在呼唤家文化的电影屏幕上，也能绽放在每时每刻的生活中，让"绵绵文明在，久久家风长"。

四、重拾家庭礼仪

中华文明是礼乐文明，传统礼仪是中华优秀传统文化的重要组成部分。有"当代中华兴礼实践第一人"之称的已故国学礼仪大师申自强老师曾说，中华文化复兴之道，方法是复礼。在中国社会的文化复兴中，起始一步就是恢复"人生大礼"。

那什么是人生大礼呢？归纳起来，人生大礼主要有"十礼"。第一，怀子礼，目的是"礼敬孩子，优生优教"。第二，接子礼，目的是"礼教传家，行礼接子"。第三，命名礼，目的是"子女命名，认定神圣"，现代多与满月礼结合，为"满月命名礼"。第四，开笔礼，目的是"步入学堂，知聪识明"，又名入学礼、进学礼。第五，成童礼，目的是"告别童年，感恩立志"。第六，成人礼，目的是"人格独立，担负使命"，又称"冠礼"。第七，婚礼，目的是"夫妻和合，白头偕老"。第八，敬老礼，目的是"社会敬老，儿女孝亲"。第九，丧礼，目的是"对生命的终极关怀"。第十，祭礼，目的是"祖先永在，后人永志"，追念先人，教育后人。

时代在变化，现代的礼仪趋于简化，然而一些以往可能不太重视的礼仪，变得重要起来，例如过生日，或者是祝寿，会比较受普通老百姓的重视。

我们现在都是怎样过生日的呢？尤其是孩子们是怎样过生日的？小一点的孩子，两家人，就是包括爷爷奶奶、外公外婆两边的人聚在一起，买一个生日蛋糕，让孩子戴上生日帽，点蜡烛，唱一首英文的生日歌，全家人一起祝这个过生日的孩子生日快乐。

孩子是不是很期待这种生日礼？甚至会对生日蛋糕提出各种要求，甚至对他自己的生日怎么过、父母长辈要送他什么生日礼物，都会提出各种要求。不是说孩子不能提要求，而是在过生日这件事情上，我们的孩子确实会有些过分或者不恰当的表现，孩子还会觉得理所当然。我们都希望孩子天天快乐、健康成长，可是孩子会不会因为过生日这件事，更理解、尊敬父母和其他长辈的用心呢？显然不会，甚至有的极端一点的孩子会为此提各种不恰当的要求，得不到满足就大哭大闹。其实，这是礼仪出了问题。

我们在乐和家园项目试点乡村普遍推广传统生日礼，用传统的方式，为村民免费举办生日礼。2018年，峡口镇大石村有一个孩子要过生日了，社工就去动员家长为孩子过传统的生日礼。家长知道我们之前办生日礼的事，马上就答应了，可是孩子却怎么也不肯答应。后来做了许多工作，他才勉强答应。

这个孩子属于比较任性的孩子，家长拿他既头痛又没办法。我们的传统生日礼是有仪式的，其中的一个环节是，孩子需要向父母亲行跪拜大礼。孩子以及家长都从来没有经历过这样的事，我们需要提前去沟通，要先教孩子仪式的动作。孩子本来就不愿意过生日，当然也是不愿配合的。另外，他也不愿意邀请他的小伙伴们来参加生日礼。后来通过再次做工作，勉强取得了孩子的配合，才使得生日礼可以顺利进行。

传统生日礼，有这么几个要素：一是生命的连接，二是感恩，三是尊敬，四是礼让，五是同乐。

什么是生命的连接？这就要追问，人的生命是从哪里来的。毫无疑问，是从父母和历代祖先那里来的。因此，我们需要在过生日这一天，找到与祖先的连接感，让我们发自内心地明白，在我的这个渺小的、脆弱的生命背后，有无数的祖先在护佑和支持着。生日礼的第一个环节叫作"明孝"，通常会读诵《孝经》或者《弟子规》里一段关于孝的文字。同时，还要向历代祖先敬香。目的是通过仪式，帮助过生日的人感知和找到与祖先的连接感。

生日礼的第二个要素是感恩——感恩父母。父母不仅生了我，还劳心劳力、呕心沥血地养育我、教育我，希望我健康成长，将来能够成才。尤其是母亲，现在有一种说法，说生日是母亲的受难日。是的，即使现在医学这么发达，母亲的分娩也是一件极其痛苦甚至有生命危险的事。这还只是在分娩的一天啊！试想，在母亲怀着宝宝那一年的时间里，宝宝靠什么生活？靠母亲通过脐带输送的血液，长成了这个身体上的一切。生产之后，母亲的哺乳过程同样蕴含着一些我们可能从未想过的事实，可能我们很多家长妈妈都没想过。生日礼第二个环节是感恩父母。怎么感恩？父母有哪些恩？可能现代人生活都好了，尤其是现在的孩子们，从小在温柔乡里泡大，很难想象父母有哪些恩。

传统生日礼的仪式还包括行跪拜大礼、奉茶礼、父母赠言礼等。我想，我们一定要明白这些仪式背后的深刻道理，才能把礼仪的仪式做得好，做得到位。我常常会对我们社工伙伴们说，我们的仪式不是形式！我们可能没有办法去给孩子讲这么深刻的道理，但是我们可以引导孩子来完成这样的仪式，道理自然融入里面，孩子会感知得到。

在为峡口镇大石村的这个孩子办生日礼的过程中，在感恩父母的环节,一件神奇的事情发生了。这个平常有点任性、以自我为中心、什么事都不配合的孩子,在跪拜父母和分享成长故事的环节,默默地流下了眼泪。接下来,还有"三推三让礼""食前祭礼""分食礼"这样的一些环节,就进行得比较顺利了。尤其是,在行"分食礼"时,这个本来很不好意思并且不愿意小伙伴们来参加的孩子,也开始很热情地招呼小伙伴们来分享生日礼中的糕点和食品。这时候,我们会明显感觉到,孩子在那一刻,学会了照顾他人,变得大方了。那次生日礼后,这个家庭的亲子关系比以前好了很多。

一次传统生日礼上,听完自己的成长故事,孩子把第一块蛋糕捧给妈妈,母子二人泪湿眼眶

2016年11月12日,我们为大坪村60岁以上的老人举办集体生日礼,希望在为老人庆祝生日的同时,也能让年轻一辈了解老人的不易,生发出感恩之心,学会体恤老人。

上午11时,生日礼正式开始,大坪村村民谢恩明及其老伴儿,作为老人代表参与了本次生日礼的全部流程。俗话说"孝心一开,百善皆开",在主礼师的庄严领读下,全体观礼人员一起吟诵了《孝经》的《明孝篇》;随后,谢恩明老人带领家人向历代祖先和至圣先师孔子上香,行三拜礼;观看《跪羊图》之后,两个孙女向谢恩明老人及老伴儿行三叩礼,以感恩两位老人辛劳一生,为家庭所做的巨大贡献;全体观礼人员一起唱起《生日歌》,因为今天不仅仅是谢恩明老人的生日,也被视为大坪村所有60岁以上老人的生日。每一位老人都曾经年轻过,都曾为社会和家庭做出过贡献,即使他们因年老失去劳动能力,子孙后代也不能忘记其哺育教养之恩,应如"羊跪乳,鸦反哺"一样,懂得敬老爱老养老。在行"三推三让礼"的过程中,两个孙女说及爷爷奶奶平日的辛苦劳作,情到深处不禁流下泪来,跪着为爷爷奶奶喂食了生日蛋糕。生日礼结束以后,我们还为老人们准备了集体生日宴和电影放映,让老人们度过了愉快而充实的一天。

其实,礼仪中的所有事情,都是在重建世俗生活中的神圣性。我们试图让现代家庭重拾传统礼仪,是希望通过仪式,达到敦厚家风、连接亲情的目的。

我们的老祖宗,创造这些礼仪仪式的人,非常有智慧。每一步,每一个环节,都充满着生命连接的力量,充满着教化人心的力量。在《论语》第一篇里,曾子说:"慎终追远,民德归厚也。"年复一年,我们不断举行包括祭礼、传统生日礼这样的礼仪,我们的家风一定会变得醇厚起来,我们的家庭一定会变得和顺起来,家德也会逐渐建立起来。

中国古代乡村文化的绵延,是与乡村的科举制度和回乡习俗分不开的。田野农夫可以通过科举进入官僚系统,或者因为文化而成为文人、艺人、商人,但他们中的大多数会告老还乡,成为乡绅,参与乡村治理、培养乡童和充实乡村文化。工业化城镇化几十年进程之后,我们迎来了城市回流乡村振兴的机遇,无论是大院的礼治,还是书院的六艺,或者庭院的家风,乐和乡村建设都需要治育人才。

之所以称为治育人才,是指这样的人才应具有两大基本能力:一是治理或者参与治理的能力,二是教化或参与教化的能力。不仅参与"一站两会三事分流投入改革"的乐和治理,而且协力"一站两会三院六艺"的乐和文礼。用村民和社工共同演绎的快板来表达,就是"乐和家园十二景"。它概述了治育工作的十二项工作,也描述了乐和家园的十二道风景,不妨引录在此,作为本章的结语:

社工站，在村里，社会工作能落地。
互助会，来担当，公共事务会处理。
联席会，同参与，公共责任共商议。
大院宽，相亲聚，公共空间有人气。
书院亮，教育兴，精神空间养正气。
庭院美，农家乐，生活空间好风气。
食育坊，农耕园，乡村记忆代代传。
国学堂，诵经典，读写讲用学圣贤。
绿色风，顺自然，生态人居天地间。
节气行，养生篇，男女老少齐保健。
兴礼义，学礼赞，彬彬有礼人心暖。
小剧场，乐曲欢，你唱我演笑开颜！

第三章 用乐和治理带动经济共富

谈到乡村振兴，人们往往更多关注乡村经济发展，而忽略了乡村经济的关键是乡村治理。从小岗村开始的乡村经济体制改革已经整整四十年了，但当下进一步的乡村经济体制改革却明显滞后，其中一个重要原因，就是对乡村经济体制的认知和改革方案只从经济学上考量，低估甚至撇开了乡村社会和乡村文化的价值。用村民的话说，就是"单腿跳"，只顾经济，只抓经济。

"乐和"是一种社会治理模式，也是一种经济发展模型，一种把经济放到社会、文化、环境整体系统之中的制度经济学创新。乡村社会再造本身就是经世济国的内容，也是新的可持续经济的基础，因而是新一轮经济体制改革的必然前提。社会共治才能经济共富，虽然由于各种因素，这场社会经济学的创新实验尚在途中，然而其中的思考、方向、路径、愿景和不懈的努力，依然有着理论和实践的意义。

第一节
乡村经济需要社会建设

近四十年来，大多数中国乡村的公共经济逐渐解体。在自然村层面，乡村社会既缺少村社公共服务的组织，也缺乏支撑公共服务的经济基础，于是，政府不得不承担起所有的服务，其结果是数以亿计的个体责任的懈怠，以及对于政府无法完成公共服务的抱怨。

公共经济的解散造成的另一个结果是，自然社区失去了贫富差距的调节器，而贫富差距进一步造成基层社会的不平衡、不稳定，少数人以牺牲公共环境和攫取公共资源的手段而发财，让邻里乡亲承担了环境成本的代价，让本来就很脆弱的乡村社会更加分崩离析。在这种情况下，无论是生态环境的保护还是产业的转型都无从谈起。

面对这样的困境，当地政府引进了乐和，社工传播了乐和，村民们接受了乐和。《乐和来了》是金坑桥村民们在互助会成立晚会上表演的一个小品节目。之后组织起来的农民，在政府的支持和社工的辅助下，通过乐和治理改变了自己的生活方式，也开始了生产方式的生态转型。

第一，乐和治理修复了乡村的环境共同体，为产业转型提供了基本的条件。互助会把散沙般的个体变成了一家人，这叫作"联体"；凝成一条心，这叫作"联心"。村民们因互助会而成为家园的主人，并因此有了家园的意识，这样，土地和劳动力如"一股绳"一般的"联产"就成为可能。以前政府投钱要治理重庆巫溪县羊桥村的一块低洼地，因为村民在田间地角的计较无法实施；乐和家园使得大家不再争吵，很快形成了合力，完成了这个工程。羊桥村二社的村民卢光孚说："看来乐和就是生产力！"在长沙县的试点村，村民们讨论了目前养殖产业造成稻田污染的现实，决定从一个小小的试点开始，从单一的高耗能高污染的石油农业向耕读游艺生态产业转型。首先要做

2013年长沙县惠农村黄古组互助会携手抗旱，改变了旱期各自为战、彼此争水的情况

的是乐和代表开会动员大家把分割的田地联结起来，以实现整体的生态转型。社工站请来自然农业专家统一规划，养殖转型、稻米翻身、循环农业、环境治理、乡村旅游的愿景激励着村民，也激励着有关政府部门投入机制的进一步改革。

第二，乐和治理让真正的农民专业合作社的成立成为可能。在中国很多乡村，农民专业合作社往往作为单纯的经济组织来行事，缺乏互助之情和向上之心的培育和乡村公共事务的参与，事实上也很难成为真正的合作社。例如重庆巫溪三宝村，之前的几个合作社都只是少数"能人"用来套取公共资源的工具，直到成立了乐和互助会，才有了真正的经济合作社。这种集公益性、服务性、互助性于一体的社区组织，能保证村民最大限度的参与；而作为一种有道德内涵的组织，能够建立自己的质量系统和诚信，并且为积累公共经济和分担公共服务发挥作用。

第三，乐和治理为建立乡村的食品质量保障系统打下基础，并为建立市场的诚信系统，从源头解决食品安全问题探索可行的路径。巫溪羊桥大米第一次带着农户的照片和生产档案到了重庆和成都的消费者手中，互助会负责质量控制，监督农户不打农药，社工组织帮助拓展绿色市场并督促落实生产档案，村支两委协调行政事务。当散沙般的村民成为一家人的时候，村民们很容易明白乐和生计的意思，就是要"凭良心挣钱、靠团结致富"。而在长沙县，组织起来的村民们正在考虑建立团购团销的"联贸"。团购可以降低价格、保障质量，防止假冒伪劣商品流入乡村，团销可以让优质产品吸引市场。

第四，乐和治理为公共经济提供条件，并开拓公共基金的渠道。乐和生计作为一种合作经济，是以乡村的公共资源、集体力量为基础的，其利润部分也要求反馈给集体，建立公共基金。在乐和家园建设期间，巫溪三宝村已经形成生态养殖业公共基金提留比例的约定；在浙江嵊泗的田岙村，互助会讨论了渔村旅游如何按照接待户的垃圾产出量来建立专项基金；在重庆南岸的大石村，成立了村民接待小组，接待户将餐饮住宿所得收入的5%—10%给到互助会作为公共基金。这些公共基金类似古代的"公田"，承担着本村公共服务的功能。有了公共经济支持的公共基金，自然社区组织才能持续地分担公共服务，在发展公共经济、管理公共基金、分担公共服务过程中才会有绵长而深厚的公共精神。村民公共精神最核心的部分就是乡土精神，大家认这个乡，爱这片土，愿意走出家门参与乡村公共事务，自己成为这个乡村的公益领袖和志愿者。如此才是健康的经济，而不是简单的经济人的经济。

第五，乐和治理为良性资本下乡搭建了平台。有的经济学家认为，解决农村问题的法宝是把公司派下去，把老百姓变成股东和"农业工人"，由公司运营。而现实是，散沙般的农民是无法与高度组织化的公司谈判并参与管理和利益分配的。其结果要么是农民卖地,进一步增加失地农民的大军;要么是分化,强迫农民成为自己土地上的"雇工"。当农民不再是自己土地的主人时,最弱势的农民也会选择消极怠工或者伺机报复。这样一个纯经济学的设想,如果没有社会建设的基础是很危险的,其结果是进一步加速乡村社会的解体,进一步隔断农民对土地的感情,进一步瓦解农民的责任和道德。资本土豪瓦解乡村社会、消灭小农的隐患显而易见。与抵制资本下乡不同,乐和治理提供了另外一种接纳良性资本的路径,就是在扶植互助会联席会切实提高农民组织化程度的基础上,制定"资本下乡"的门槛,并推行乐和乡村合作经济的鼓励政策。资本下乡的前提应该是乡村社会组织的建立、公平规则的制定、政府作为监管人的到位,从而让"节制资本""良性资本"成为辅助重建乡村社会、复兴乡土文化的积极力量,并实现多方共赢。

第二节
以共生视野探索共创经济

乐和家园在十多年的社会治理探索中，碰到了乡村经济的瓶颈，就是缺乏乡村公共经济对公共服务的支撑，因为乡村经济本身是匮乏的。家庭联产承包责任制的施行激发了农户的生产积极性，但是也涣散和解构了原有的互助经济、集体经济和公共经济，因而失去了乡村自身对于社会和文化的支持，而这又反过来制约了经济可持续发展的品质和能力。

在城乡融合的大背景下，乡村经济体制改革应该以共生视野走向共创经济之路。共创经济也是共富经济，大致有三层含义，一是互助经济，让散沙一样的农户组织起来，同时还可以吸引部分城市居民参与，互助共享，增强乡村经济在市场经济中的信誉和竞争力。二是集体经济。用土地可以入股的方式建立以村庄为单位的共同体公司，市民和资本也可以资金或以人力、智力投入的技术股的形式来参与以农户为主体的农业公司，由此重建乡村的信誉体系，打造以本村的产业为特色、以本村的集体经济为底色、以本村的乡村文化为本色的品牌。三是公共经济。无论是互助经济还是集体经济，都应该留出一份"公田"，或提留一份公共基金，用以支持乡村的公共事务，包括该村的社会建设、文化建设和普惠性的经济建设。政府的涉农资金可以考虑支持专项的公共经济；而一些新的业态，比如旅游产业、健康产业、研学产业等，则可以预先设计公共经济所占的份额，这样一来，发展公共经济、建立公共基金、分担公共服务、培育公共精神的"四公"理想便有望实现。而这类多种形态的经济共同体，本身就是乡村社会共同体和文化共同体的经济基础和有机构成。

社会建设是能够产生高效、长效经济效益的，以"共生"为视野的"共创"经济，是能够带动产业兴旺的，这是乐和生计或者说乐和经济的方向和愿景。

一、培育乐和农社，构建统集分多的经营系统

乐和农社是由乡建联席会扶助和督导的专业合作社，通过社会建设来避免和解决以往合作社的诸多问题，形成"统、集、分、多"的制度设计，即统一规划、集中管理、分户生产、多元经营的经营模式。村民在保留包产地进行分户生产的前提下，形成在规划上统一，在技术指导和产品收购乃至旅游安排上集

中管理，包括"耕、读、游、艺"四大产业整体协调的产业规划；种源论证、农事日记、成本核算的生产管理；按质论价、保证质量，同质同价、避免恶性竞争，异质异价、鼓励良性竞争的收购原则；环境监测、总量控制、质量档案、共同监管等监管条例和机制。这种做法，使得合作社成员虽收入不等，但具有均等的机会，老弱有同济，能人有空间。有了不以营利为目的的公益组织或社会企业的介入，有了乡建联席会这样的共治平台，可以将生产、市场和消费者融为一体，并因此而增强集体才具有的打造品牌、增加收入的能力，实现信誉和共同品牌所能产生的经济效益。

二、培育乐和农园，构建"耕读游艺"的产业系统

耕，是有机种植和有机养殖；读，是国学研习和养生康复；游，是乡村生态旅游；艺，是以手工刺绣为内容的手工作坊。单纯的农产品是难以提高其价值的，一、三产业对接，则有可能提高农产品的附加价值。由"耕读游艺"构成一个集生态农业、景观设计、社会建设、生命教育于一体的农园。随着人们经济收入和环境意识的提高，以及对食品安全的关注，化肥农药的产品在未来很难有市场优势，而真正的绿色和有机产品、

生态旅游产品，消费者是愿意买单的。生态品牌将成为村民可持续增收的希望，而作为社会建设成果的乡建联席会，则是保证生态食品的质量以及良性运行的底牌，并由此获得由于一、三产业对接的产业优化所带来的经济效益。

三、培育乐和农贸，构建"网面手心"的购销系统

乐和治理为建立乡村的食品质量保障系统打下基础，并为建立市场的诚信系统，从源头解决食品安全问题探索可行的路径。羊桥大米第一次带着农户的照片和生产档案到了重庆和成都的消费者手中，互助会负责农户不打农药的质量控制，社工组织帮助拓展绿色市场和敦促生产档案，村支两委协调行政事务。当散沙般的村民成为一家人的时候，村民们很容易明白乐和生计的意思，就是要"凭良心挣钱、靠团结致富"。而在长沙县，组织起来的村民们去山西蒲韩社区学习考察后考虑建立团购团销的"联贸"。团购可以降低价格保障质量，防止假冒伪劣流入乡村，团销可以让优质产品吸引市场。

乐和农贸"网面手心"是指"信息公路网联网、农户用户面对面、社区乡村手牵手、市民村民心贴心"，以这种新的互动营销模式解决消费者的信任度问题。以社会建设为基础的乡

村产品质量保证系统、冷链运输系统以及终端消费系统连为一体，而乡建联席会就是这个从田野到餐桌的过程的社会管理系统。乐和农社主要负责高品质的生产，公益机构帮助市场营销以及对城市社区消费者开展教育与服务，村支两委提供监管和服务。把乐和食物品质保障系统的50条以及每项有机食品的环境监测指标、品种来源、农事日记、成本核算、健康价值和相关的自律机制放在网上、印在纸上、挂在嘴上，以这样一个基于信托责任和流程管理的说明书作为我们的广告，鼓励消费者参与监督。通过信息平台的文档、图片和视频，提供信息服务，让消费者知道他们准备购买的食物是怎么生长、生产和加工的，由此改变销售者与消费者分离的状况，减少中间环节的成本。

乐和农贸也是一个双向的贸易系统。乡建联席会扶植、社会企业经营的乐和店（乐和农贸店）不仅是乡村产品送往城市的窗口，也是农用物资和城市的工业品、消费品运往乡村的窗口，避免假冒伪劣的商品流入乡村、危害农民。"农户贴标签、用户存档案"，让消费者和生产者直接沟通；"村民进社区、市民下乡来"，形成社区和乡村的往来。市民帮助村民的绿色生计，村民保障市民的食品安全，彼此不仅仅是买卖的关系，还是心连着心的生命依存关系。村民也因此获得由于减少中间环节所带来的经济效益。

2020年重庆酉阳县乐和生态合作社成立

四、培育乐和农艺，构建技术支撑和农艺传承系统

建设乐和家园最重要的是人才。城市化的进程、乡村精英的流失、传统农艺的断裂，使得乡村人才的培育，特别是农艺师、手艺师队伍的建设成为当务之急。在一些地方，农民——特别是年轻农民——不恋土地，也不想种地了，这是一个事关国家粮食安全的大事情。乡土农艺师、乡土手艺师队伍的建设和培育，以及相关技术支持系统的建立，让有机农耕的技艺和古老乡村的生存智慧相融合。

2008年，四川大坪山乐和家园在尊重川西民居建筑传统的基础上，鼓励村民成为"乡土工程师"。乐和社区在请生态建筑师周伟老师对村民进行专门培训之后，又请有机农场专家韩哲绪进行了"乡土农艺师"的培训。2015年，山东曲阜书院村的生态小农场在开耕之前，还专门邀请自然农法名人安金磊"传经送宝"，并主持隆重的开耕祭祀仪式。乐和生计并不是停止对自然界的索取，而是要取之有道，顺应自然法则来发展经济，比如从化肥农药农业转为自然农法；要取之有度，遏制贪婪，比如农业和旅游业都要以自然承载力为前提进行总量控制；要取之有情，在生产消费过程中，激发人们作为自然之子的良知与情感，这是生态经济最深厚的土壤。

五、建立乐和基金，发掘乡村公共基金渠道

乐和治理为公共经济提供了条件，并开拓了公共基金的渠道。乐和生计作为一种合作经济，是以乡村的公共资源、集体力量为基础的，其利润部分也要反馈给集体，建立公共基金。在重庆巫溪的三宝村，已经形成生态养殖业的公共基金提留比例的约定；在浙江嵊泗的田岙村，互助会在讨论渔村旅游如何按照接待户的垃圾产出量来建立专项基金；在重庆酉阳楠木

桩，卖粽子、草墩子、糯米等产品所得收益均提留公共基金；在重庆南岸大石村，村民建立接待小组，对培训、旅游开展接待，接待所得收益的5%—10%用于提留公共基金，这一做法已经延续了8年。同时，村里经过互助会销售蜡梅、豆腐乳等产品，也进行公共基金提留。这些公共基金，进行专门入账，由专人保管、专人支出。公共基金金额虽然不多，但是一直使用灵活、收支活跃，是来源于村民、用于村民、便于村民使用的公共资金。这笔钱可以"小钱办大事"，可以很好地支持公共活动，开展公共服务，激发公共精神。

六、培育乐和信贷，构建乡村金融系统

乡村生态经济是一个富有潜力的领域，但是资金如何到达乡村却是个问题。社会扶贫、环保、文化等基金很少直接到达乡村，包括救灾款，例如地震灾后常花几千万元建学校，却鲜有用于乡村的重建。捐赠者不敢把钱交给乡村，是因为中国的乡村缺乏一种接纳投资和捐赠的有效社会机制。

乐和家园突破了这个狭区，建立了新型的投资吸纳机制，使得政府的惠农投资能够直接高效地注入乐和农社。公益机构会带来公信力、市场、观念、技术乃至社会资源，而村支两委与

农民乐和协会组成的乡村共同体作为资金吸纳和管理机制，两者结合有助于支持乡村获得社会上的资金投入。公益机构也可以帮助乡村的协会和农社进行能力建设，帮助他们得到基金会的资助，并和投资商建立联系，成为乡村农人组织与开发商之间的桥梁和防火墙。

社会企业也是一种类型的公益机构。社会企业是不以利润为目的，而以社会福祉为目的的企业，是可以收回投资成本但不分红或少分红的企业，既具有管理经营的能力，保证投资效益，又能因其社会公益性质而在与村民的合作过程中保证村民成为投资的受益主体。有一些社会企业专门着力于投资咨询和帮扶，以解决投资机构与乡村之间的断层和投资瓶颈。重庆巫溪县的社会建设吸引了一些研究机构来到巫溪调研，帮助撰写巫溪乐和农贸的商业报告书，并且帮助巫溪县与社会投资俱乐部等投资机构联络，这是一种基于社会建设和社会企业的投资与金融模式。

第三节
从单一农田到共享农园

城市化带来的问题越发突出,很多人开始将目光投向农村,或者回到老家种地,或者在一个合适的乡村创业。但是由于当下农村的种种条件限制,很多城市人空有回乡的想法、技术和资金,却无法落到实处;与此同时,留在村里的村民守着青山绿水和几亩薄田一筹莫展,不知道如何将资源有效利用。面对这种情况,从单一农田到共享农田,不失为一种可以尝试的发展路径。

一、新农人回乡

传统中国的治理体系本质上是以城乡之间的天然融合为基础的。在乡村社会的中堂、学堂和祠堂中孕育出的人才,营造了乡村和城市生活的"百业"。中华几千年的文化与文明依靠乡村传承,在当今社会,也依靠乡村保护与发展。

在中国城市化发展的进程中,中国的乡村要走向何方?有学者说要走向欧美,把农民变成农村工人。这么多年,众多学者的大量研究已经证明这条道路不适合中国国情,因为这是一个无根的中国梦;因为这是以中华五千年乡村文明消亡为代价的中国梦,是一种以中华文明传承中断为代价的中国梦。农民和乡村是中华文明演化不能突破的底线,可以说乡村兴则中国兴,乡村衰则中国衰。水能载舟,亦能覆舟,这只"舟"是什么?就是中国的农民和乡村。

作为农业大国的中国,现代国家治理体系应该是城乡融合的治理体系,其中一个重要的任务就是对社会力量推动城乡融合的关注与支持。尤其是 2005 年之后,国家的基本建设投入已经逐步从城市优先发展转向城市反哺乡村,东部支持西部,从而为逆城市化与乡村振兴的到来创造机遇。

温铁军教授认为:"在城乡融合与'新回乡运动'的浪潮中,政府投资基础设施相当于支付了机会成本,接下来就是资本下乡和市民下乡追求机会收益。随着大量的国家财政投资乡村基本建设,再度形成新的'沉没成本',也意味着任何外部主体在乡村都可以得到收益机会。这些是推动中国逆城市化现象的重要动力和契机。"[①]

[①] 温铁军、张孝德:《乡村振兴十人谈》,江西教育出版社 2018 年版。同时参见温铁军论文:《全球危机与中国战略转型中的乡村建设》。

随着乡村振兴战略的推进，中国的乡村会出现一批回乡的人，我们不妨称之为"新农人"。张孝德教授认为，在国家大力投资乡村，实现"五通六有"的基础上，未来将会有五类人群逐渐向乡村回流：

一是新告老还乡的人。20世纪80年代有大学生120万人。这批50年代出生的人未来5年均会进入退休年龄。他们中的大部分来自农村，他们有回乡养老的强烈愿望。如果有相应的政策推动，他们将会成为乡村发展的新乡贤，将会成为乡村文明复兴的中坚力量。

二是改革开放后到城市打工的2.5亿农民。未来大约有3570万农民工因到了退休年龄而无法继续在城市就业。他们中有2500多万人将会带着他们的收入，带着城市文化的生活经验，回乡养老或再创业。

三是新下乡知识青年。随着城市就业难，同时乡村发展机会的增加，出现了大学生回乡创业的新趋势。特别是"互联网+"给乡村产业发展带来新机遇的背景下，乡村将会为知识青年提供大有作为的"希望田野"。

四是回乡村养老，或从事乡村产业经营的一批城市人。随着中国逆城市化的出现，未来5—8年，中国将会出现一个退休高峰，城市退休人员将达到2亿人。城市人回乡，将会给乡村带来新消费，带来乡村养老产业的发展。

五是 6000 万华侨同胞将会寻根回乡。随着祖国的强大，将会出现海外华侨回乡寻根的热潮。他们的寻根行为，将给乡村发展带来新的机遇。

2011 年春节，巫溪县羊桥村返乡友人座谈会

二、新农社共建

如果说线下的高速公路提供了回乡的物质通道，线上的网络高速公路提供了回乡的云上高铁，那么乡村治理的家人社会就是回乡的社会通道和精神通道。如果乡村还是原子化的，不

能形成有组织的村社共同体，那么就很难抓住城市反哺的机会。在改革开放40年后的今天，人们面临的挑战是，如何从一部分人先富起来转向如何让大家可持续共富裕的问题，这就要让分散甚至分裂的乡村成为一个互相依存的经济共同体，从而做市场、打品牌，这就需要社会建设做底托，社会体制、文化体制、经济体制联通，用家人社会迎接新农人回乡。

这个家人社会"以党政为主导、以村民为主体、以文化为主脉、以社工为助力"，也即"一站两会、社会共治"。"一站"即政府在村镇和乡村一级设立的社会工作站，邀请外部专业技术力量尤其是培育社会组织的专业化社会工作者进入，协助当地政府和村社提供乡村治理的技术服务。回乡的新农人，有的就是天然的社工，或者经过专业培训成为社工；根据乐和家园的试点，一些留守的或者回乡的妇女经过培训亦可以成为"村工"。无论社工还是村工，都需要具备专业的社会工作理论与技能，比如社会调研、社会组织、社会活动、社会教育、社会宣传和社会记录的专业能力。

"两会"即以自然社区组织为依托的互助会，落实中央一号文件，将村民自治落实到村民小组或者自然村层面，发挥自然村层面社会组织对于村庄事务的主体作用；以村支两委为主导的乡村联席会，充分发挥村支两委在民主协商方面的意识和能力，同时吸纳县域的志愿者、回乡的新农人成为新乡贤或联席会的重要成员；联席会吸纳农业企业特别是社会企业参与，形成利益共享的良性互动，落实十九届四中全会提出的"民主协商"的治理体系。

这样的社会共治，加上大事政府办、小事村社办、私事自己办的"三事分流、责任共担"以及"投入改革、利益共享"的治理机制，便可以形成家人的社会，在此基础上成立各种经济合作社。为了保证本土村民的权益，可以在民主协商的基础上形成相应的制度安排。新农人应该以礼敬的态度尊重本土的乡亲，而乡亲们亦应以开放的态度接纳和鼓励新农人，给他们身份和荣誉，使之具有更多的归属感。

说到经济，往往只有产业链、销售链和资本链条，乐和引进了另外两个链条，就是乡村社会链和技术服务链。社会工作者也是提供技术服务的力量，与乡村社会的管理成本与经济价值需要重估一样，社会建设的服务价值也是需要重估的，需要被纳入到经济发展的整体链条当中。

新农人的重要使命就是传承和创新"德业相劝、过失相规、礼俗相交、患难相随"的乡土文明。所以，要了解乡村的族谱和村史，了解和尊重乡村的民情与风俗，而不是拿着城市的有色眼镜来看乡村，这样才能真正融入乡土社会，因此，新农人的支持性培训和交流是十分必要的。政府的作用是创造尽可能有利的基础设施和投资条件，引导资本链、产业链、流通销售链进入乡村，并且培植乡村社会链和社工服务链，让资本链、产业链、流通销售链与乡村社会链和社工服务链有机结合，同时依托专业的乡村振兴服务机构，为新农人回流乡村、融入乡村提供相应的培训、咨询和指导性服务。

与乡土社会联系紧密的社会组织资源，以及源于生活、藏于民间的群众智慧，是推动经济建设的重要力量。一个尊重新农人、尊敬老农人的新旧互补、通情达理的新乡村社会、新家人社会将具有强大的活力：通过社会建设减少社会阻力，有效组织社会资源，在社会共治的基础上重建乡村信誉体系，建立

乐和乡村示意图

市场诚信，完善生产质量保障体系和环境管理体系，营造城乡融合共同体，以实现可持续发展。

三、新农园共享

农田是久远的古迹，农具是千年的文物，农村是古老的名胜，农夫是历代的亲人。乡村振兴需要有社会文化经济的整体眼光，需要有城乡融合、新老互补的整体视野。如果用单一的经济眼光来看，农田就是农田；而用整体思维来看，则是农园，是农田、农具、农村、农人一体的天地人和的农园。

共享农园，就是要修复先辈的农园，振兴未来乡村，让每个城里人都可以通过参与共享农园，成为乡村创客，来回望乡村、回报乡村和回归乡村。共享农园共享的是什么？以下是几种参考。

"一分田"。促成农田的生态转型，办有机农场。现在一些城里人在近郊农村租地，委托村民打理，已经不是新鲜事儿了，但是仅限于极少的小众。如果一个社区可以组织消费者与乡村结对子，进行联营共享，将会让有机食品成为普通百姓的日常食物。事实上，根据我们在曲阜书院村耕作生态黄豆的经历和弘毅农场"六不用"有机食品的经验，只要农田经过两三年或者一两年的生态作物土壤修复，且有一定的市场规模，生态食品与化肥农药催大的食品之间的成本差距并不是人们想象得那样不可弥补。解决食品安全问题最可靠的方法，是从为城市人提供参与生态农田建设的机会开始。要为自己、为民族保护生态的种子和人类的种子，最实际的路径就是订购自育自长的自然种子长出来的农作物。这就叫"分一分田回归乡村做良心小农户，担一担责修复国土做爱心大丈夫。"

"一个院"。农村的闲置小院经古朴而又现代的装修后成为客栈，这已经不是新闻，但总体运营境况并不是很好，其中一个重要原因就是内容不够。用乐和的思维来看，营造乡村客栈需要一个整体的环境，比如整个村庄从社会环境到自然环境以及自身内容的打造都要到位。一位从事企业家风建设的朋友就在做这样的尝试，让小院成为青年企业家社群的养生空间和共学空间。当然，农村小院的功能不限于做民宿，还可作为城里人抱团养老的去处。这些抱团养老的群体可以像一个小微企业一样来经营，可以把空余的房间用于出租，老人们种地养鸡的野趣也可以吸引更多的老人回乡，以解这一代人浓浓的乡愁。乡土乡情让老人们疗愈身体、慰藉心灵。告老还乡从来都被中国人认为是一种福气，但太多的人告得了老却还不了乡，而共享农园给老人提供了这样的机会。

"一窝蜂"。保护正在濒危的中华蜜蜂，销售生态农产品。

有专家说蜜蜂灭绝了，人类只能活四年，而现在中华蜂数量的减少已经构成了对我国生态环境的威胁。受到威胁的当然不只是中华蜂，还有许多本土物种，比如国人最爱吃的大豆。东北的黑土地长出的优质大豆经不起转基因大豆的低价冲击，正在大面积缩减。当农人不再会育种，当作物只能靠每年从种子公司购买种子而不能靠自身传宗接代来延绵，整个自然界的生态系统乃至人体的生态系统又如何具备强健的生殖能力和强壮的生存能力？人们愿意攒钱去医院做手术治病，却舍不得稍微多花一点钱给大自然、给父老乡亲来"治未病"。太多的城里人并不知道这些常识，所以需要更多的新农人回乡，让更多的城里人通过生态农产品的订单来参与共享农园。

"一个园"。在乡村建立创意园，特别适合尚未"拖家带口"的青年创业者。住在村里，不用在拥挤的地铁里来回穿梭。既然哪里都可以"云上办公""云游四海"，不如来到乡村，让乡村的地气、人气和天气开启我们的士气，健康的生活环境一定会增加人的灵感。"一个园"也可以是文旅园，让乡村游学成为学校研学和劳动教育的常态；可以是中药百草园，让《黄帝内经》和《本草纲目》的智慧成为人们的常识；可以是女红园，让女孩儿因为手巧而心灵，因为宁静而文雅；可以是传统体育健身园，让男孩子因为奔跑而勇猛，因为泥土而强健，让滚铁环、踢毽子、跳皮筋的游戏唤醒大人们的童年，让体验教育、自然教育疗愈孩子们乃至成人们的柔弱和疾病。

"一群娃"。让城里的孩子贴近自然家园，学习传统文化，如此让城市资源回流来重建城乡的互补调和。在重庆南岸区的乐和谷，为了让家里的"小朋友"能够和村里的孩子们一起在山林里成长，一位"小资"妈妈变身"小农"，把家搬进了村里。一群城里的妈妈带着孩子在山西关头村落户，为了践行"亲情、亲自然、亲乡土"的三亲教育和"自然开慧教育、经典诵读教育、行为养正教育、四季农耕教育、心灵手巧教育、礼乐艺养教育"的六项启蒙教育。这样一种"以经典为本的全文科教育、以自然为本的全科学教育、以乡土为本的全艺术教育、以生活为本的全道德教育、以身心灵一体的全生命教育"势必吸引更多的亲子回乡。位于河南省许昌市禹州区娄陈村山货乡中心幼儿园的新蒙学堂，由上海璞慧公益基金会全资支持，通过打造优质幼儿教育环境，帮助乡村社区筑巢引凤，吸引外流人才重新回归乡村，支持乡村建设。目前这一目标已初见成效，已有幼儿家长放弃郑州更好的工资待遇回归乡村，学习新蒙学优质高效的陪伴方法，不仅及时拯救了自家已经有明显心理和行为问题的孩子，还彻底改善了亲子关系，同时返乡家长还积极自愿地投身乡村教育事业，加入到为更多家乡孩子提供优质教育的教师队伍。

乐和之家生计项目还探索了一种小微家风堂的新模式，让以 3—5 户村农民聚合的互助社群小微经济体成为现实，并为城市爱乡人士助力共享农园提供了可能。

2021 年重庆酉阳县楠木桩村第一个小微家风堂成立

共享农园不是简单意义上的投资，它是通过众筹搭建小微经济共同体，通过联营构建乡村共同体，通过共享营建城乡共同体。这里的关键不仅是出钱，更是用心，而"线下的互助会+线上的互联网"为众筹联营共享的机制提供了社会和技术的条件，自立互助公益的中国精神则为这样一个家人社会的经济模式浇铸了灵魂。

城乡统筹作为政府的一项工作，此前多在扶贫硬件上下功夫，而在乡村振兴的时代，可以倾斜给更为立体综合的以社会建设为基础、文化复兴为灵魂的城乡统筹。因为乡村振兴不仅是政府的任务，也是每个从乡村走出来的人的诉求。还记得五年前的一次会议上，中央部委的一位司长听说我们在山东泗水县做乡村建设，他问我能不能去泉林镇开展乐和家园实验，"那是我的家乡"！说这些话的时候，他两眼放着热切的光，那份乡土情怀溢于言表。我想，只要是个中国人，心底都有一份挥之不去的乡愁。赶上了乡村振兴的国家战略，赶上了路通网通的时代，我们每个人都可以通过参与共享农园来助力乡村建设。

共享农园示意图

第四节
城市人到乡村寻根问道

"让乐和成为生活,让生活成为风景,让风景成为产业,让产业带动增收",这是乐和生计的一个愿景。其中最基础的,是让家人社会和乡土文化的"乐和"成为生活,只有这样的生活才可以成为乡村文旅的风景,乡村社会和乡土文化本身的价值才能够变现和彰显。

一、入乡入三堂——跟着爸爸回家乡

中华民族是一个安土重迁的民族,即使很多年轻人在城里买了房子,每年春节都还是会回家乡探望父母;很多大企业家早已搬离家乡,但是乐此不疲地为家乡修路架桥,建设祠堂,参与公益事业。太多太多的人虽然生活在城市,却也依然盼望着回乡,怀念着家乡,自古至今,从未变更。家乡究竟有什么魔力,让这么多人惦念着?

"甘其食,美其服,安其居,乐其俗",这几句话大概囊括了家乡的固有内涵。老子在两千多年前,其实已在呼吁我们回到家乡。

我们曾在2013—2016年执行由中央统战部支持的"光彩爱心家园——乐和之家"项目,在重庆巫溪、黔江、酉阳3个区县的10个乡村开展留守儿童关爱活动。其中,黔江的小南海后坝项目点,地处武陵山腹地,山清水秀,土家十三寨保存完好,家家户户有"天地君亲师"香火。

留守儿童问题的解决,需要妈妈不走,爸爸回家。没有产业,年轻人始终回不来。依托后坝的自然资源和人文资源,我们设计了"爸爸回家乡"城乡对接活动。

活动前,我们一方面对接了几个客户,由他们组织亲子家庭来到后坝;另一方面,我们发动基于项目建立的社区社会组织,做好接待工作。同时,我们编制了包含亲近自然、食物教育、生活习惯、经典文化、亲子互动等板块的课程内容。

活动中,城市的孩子和乡村的孩子一起,在"摆手堂"(土家族聚会和开展公共活动的地方,具备"乐和大院"的功能)跳摆手舞、晒苞谷,从庭院旁的小菜园采摘生态蔬菜,在悬挂"天地君亲师"牌位的堂屋用餐,接受食物教育。家长们背着背篓,跟孩子走在田坎上,回归久违的自然,回到久别的"家乡",在整个过程中洗涤浮躁的心灵。

如果说在后坝的"爸爸回家乡"是"小试牛刀"的话，那么，在重庆南岸峡口乐和谷的"爸爸回家乡、乐和亲子游"则是一次乡村文教的整体呈现。2014年4月27日，峡口镇乐和谷迎来了乐和亲子游的客人，参加本次活动的有6个城市社区家庭，共18人。此次活动共有八个环节，包括"欢迎仪式、礼、读、功、走、炊、游、艺"，此外还有活动分享。

欢迎仪式由社工向前来的家庭介绍活动行程安排以及各位课程老师和乡村导游，并邀请各亲子家庭进行自我介绍；"礼、读、功"课程由社工培训师从坐、站、行、亲子共读《弟子规》及节气养生等方面进行带领和体验，让亲子家庭学习传统礼仪、童蒙经典，感受节气；亲子家庭通过行走乡间小路，亲近大自然，认识各种植物、昆虫，采集野花、野菜和野果，村民辅导员还在活动过程中教大家用开满鲜花的三叶草编花环；"炊"主要包括剥胡豆和磨豆浆，孩子们参与做午饭；乡间"游"戏是带动大家积极性的关键，游戏有踢鸡毛毽儿、瞎子摸猫儿、跳橡皮筋等，家长们跟孩子们回忆着各种跳法和游戏规则，分享着小时候跳皮筋的趣事；"艺"是农艺体验和手工活动，吃完午饭，孩子们主动积极地带上小锄头到乐和大院旁的地里，除草、挖地、种菜、撒种子，采集至少五种不同类的植物，回到教室后做植物拼贴画。活动最后，社工与亲子家庭一起学习手语舞《爸妈谢谢你》，并进行活动分享。

之后，我们还成功开展过城乡对接的乐和节气行活动，例如 2017 年乐和谷开展的谷雨节气活动、端午祭蛟龙活动、冬至打糍粑活动等。活动都在乐和大院进行，都有村民组织的参与，让城市亲子家庭在浓浓的乡村氛围中，学习礼仪、参与祭祀、回归田园、品尝时蔬、滋养心灵，体验原汁原味的乡村生活。此外，还有以体验教育为主题的大型端午庆典，如：点雄黄、挂长命缕、识百草、配茶包、配香囊、玩游戏、徒步山林，以及在恢复了中堂的农家用餐……

"爸爸回家乡、乐和亲子游"，在此过程中播下一颗回乡的种子，静待发芽。

乐和谷谷雨节气亲子游

二、庭院寻九家——百姓日用即道

为了提高村民用家文化带动乡村文旅的能力，2018—2019年，我们在乐和谷开展了 40 余次以传统文化为主题的周四课堂。课堂内容有以家谱为主题的交流分享，有齐唱家乡调的消夏音乐会，有以大石村的公益故事为主题的"家家都有传家宝"故事会，有对本地植物进行梳理的讨论会，有小盆栽养护及点豆花比赛等主题的本地手艺传习活动，还有关于家风、家规、家训、孝道、民俗的讲座，完整勾画出家庭的礼、家族的字、家乡的歌、家屋的景、家里的信、家人的安、家传的艺、家园的事、家国的情的"九家"内容，凸显了"九家"背后"孝、和、勤、俭、仁、义、礼、智、信"的价值。

乐和谷的大石村素有吃豆花的习俗。在过去经济条件不太好的时期，吃肉比较少，农家就以大豆食品为主要的蛋白质来源，也就有了跟大豆的不解之缘。

村民说，过去生活条件差，有客人来了，就会做老三样：烧白、豆花和糯米珍珠圆子。吃不起肉的时候，豆花就会作为宴客席上的"硬菜"。因此，村里的家家户户都会点豆花，男女老少都会点，豆花高手大有人在。"哪家有人生病，就会挨家挨户搜集黄豆，凑成百家豆，泡来推磨子，推磨子的时候说说消灾祛病的祝福语。点好豆花，请大家过来一起吃，以此为生病的人祈福。"点豆花是大石村代代相传的手艺。

乐和社工前期尽可能地挖掘豆花故事，让村民对豆花这种司空见惯的食品进行再认知，然后组织点豆花比赛。比赛的目的，评选豆花高手是其次，最主要还是在于聚集乡亲，彰显手艺的价值。

活动在一户农家院坝举行。"你点豆花我点赞，大石小吃美名扬"，活动主题悬挂起来，红纸黑字，是村民熟悉的乡土气息。主人家早晨五点多就把黄豆泡好、磨子洗好了。村民们陆陆续续到来，帮忙理菜、配佐料。磨子转起来，男女老少都体验了一把。到了点豆花的时候，5个"种子选手"上阵，气定神闲地舀上坦水，动作娴熟地在豆浆表层转圈圈。随着一圈又一圈地重复，豆浆慢慢凝结，最后清晰分层，上面是清亮浅黄的水，下面是白嫩免滑的豆花。经过大家评选，一位81岁的老人被评为"豆花大王"，奖品是两斤来自山东曲阜洙泗书院的有机黄豆。其他参与比赛的"高手"，分别获得两斤来自重庆酉阳小河镇小岗村的老品种小黄豆。比赛结束后，村民和社工坐了4桌，吃小菜，吃豆花，拉家常。乡亲在一起，像一家人一样。

这样的活动，落在农家庭院，将村民们日用而不知的传统手艺凸显出来，让他们从手艺中得到自我认同，这是乐和社工"化民成俗"的惯常做法。

"学堂中堂祠堂谱,读山读树读山谷。乡亲社工峡口笑,喜迎天下乐和族。"村里几个大姓,都有家谱,只是平时不为人知。当把家谱这个话题提出来,大家就会意识到家谱的重要性。经由家谱,村民们还分享了自家的祖训、家规,甚至推而广之提到了大石村的特点——敢于创新,勤于修路。连带着,还挖掘出一系列跟修路有关的故事,以及一些乡贤的往事。

村民在以"家家都有传家宝"为主题的周四课堂上,聚焦那些有历史、有温度的老物件——一杆用来称钱的秤、一张抓阄得来的老桌子、一本预测祸福吉凶的书、一块支援了建设的大石头、一把锋利的宝剑、一个给儿女做的小板凳……通过讲述和讨论,触摸传家之物背后的故事,以及故事背后的日用伦常,在以"大石村植物的美丽与哀愁"为主题的课堂上,村民集中讨论了给家家户户带来收益、营造乡村美景的黄桷树和小叶榕,还跟社工梳理了 1 年 12 个月的主打花卉,并针对当下苗木市场的不景气讨论了应对策略。

明代阳明心学的泰州学派强调"百姓日用即道"。此话不错,但是在乡村社工长时间地实践后会发现,有一个更加突出的现状是:百姓日用而不知。社工以及引导者的意义,就在于将这些背后的东西显性化,让村民为自己的自发行为感到由衷的骄傲,并且转化为自觉的行动。

三、书院习六艺——非同凡响的家庭研学

周王朝官学要求学生掌握的六种基本才能是"礼、乐、射、御、书、数"。当今社会,能够承载中华民族天人合一、敬天爱人、修身为本之道的"艺"正在快速地消失,取而代之的是现代社会的自由主义、资本主义、消费主义、娱乐主义。从传统的文人书院到今天的乡村书院,由于时代特征和民众的需求不同,乐和家园项目在传承了书院精神内核的同时,对乡村书院的课程也做了新的努力。

在曲阜官家村的小剧场,挂着一系列的木制浮雕,那是孔子"志于道,据于德,依于仁,游于艺"的生活方式和社会理想的呈现。在这古六艺旁边,则是乐和家园的新六艺"礼、乐、居、养、耕、读"的展示。新六艺中"礼、乐、读"是对传统文化的继承与创新,"居、养、耕"是为解决现代社会发展中出现的问题而研发的课程。

"新六艺"课程适用于所有有空间但没有特色课程的城乡社区。它不同于大多数社区普遍开展的琴、棋、书、画、剪纸课等"国学课",而是根据现代人的需求,以二十四节气为线索,按照食物教育、经典学习、环保美育、养生健康、现代常礼、文娱戏剧等六个板块编制,让优秀传统文化不再只是文人书院的

空中楼阁，而是成为百姓人人可参与，人人能受益的精神资粮。

"新六艺"课程为 24×6 的 144 节体验课程，上课空间包括教室、小剧场、食育工坊、社区公共空间及户外。课程按照体验教育教学法进行设计，每节课的设置和各个环节的设计充满开放性，不同乡村可以加入本地特色内容。在课程受众上，"新六艺"课程充分考虑乡村各个年龄层次的参与群体，可以面向成人、孩子、老人、家长、亲子家庭等不同人群。

乡村游学可以理解为单次课程活动，多以节气、节庆为体验对象，活动前招募家庭，活动后进行小结。从"爸爸回家

社工带孩子们参加了传承乡土文化的立冬节气行活动后分食节气餐

乡"开始，我们的各个项目点就已经陆陆续续开展了很多次公益收费的乡村游学活动，并收到良好的反馈。而家庭研学是一个营地的概念，是系列的产品，这个产品包括国学教育、自然教育和体验教育。

四、乡野亲自然——疗愈自然缺失症

国学是生命的学问，我们引导家庭回到自然，在自然界中补国学，进行诗书礼乐的教化。礼是帮人开发内生性的，诗教是发展人的连接能力的，乐是开发人的超越能力的。一个人到了乡村，这三个方面的课程都能获得，每个人一定会绽放他的生命，看见自己的内生能力、连接能力、超越能力，看见自己的自信心、责任心和敬畏心。

"诗书礼乐艺"是国学，乐和家园希望对其进行创造性转化和创新性发展，把西方的"身心教育、家庭系统排列"等工具性的东西融进来，成为一套城市家庭愿意买单的文教产品。这套产品，可以以一年为周期，以节气为时间线，来设计系列课程。城市家庭每次到来，弥补学校没有的东西，在城市或者乡村营地里完成作业——怎么写诗，怎么写作业，怎么写大字，培养孩子的美感、音乐感。一年下来，乡村可以为城市家庭提供什么？一部分是学校没有的，一部分是学校有，但是做起来很枯燥的。

大自然的爱是一种无掌控、无条件、无分别的爱，家庭来到乡村，来到自然中，怎样学习大自然的智慧，怎样学会和大自然交流？我们按照节气研发课程，按照白双法先生"双法字理""七字根"的分类学来做自然教育的课程，让城市家庭和自然互动，回到泥土，回到林子，直接和自然发生最密切的连接，让大家真正感觉得到在大自然里走了一趟。

城市家庭随着乡村的四季"春生、夏长、秋收、冬藏"，以乡村为营地，与大自然同呼吸、共振动，从而应对城市化带来的种种问题，这是家庭研学产品的设计初心。一些自然教育机构开发系列课程，例如"我和水稻共生长""树屋营造""营地搭建"等，都是单一的主题。目前，市场上还很少见到乡村综合体验的系列课程，这给了乡村研学以试水空间。

2015年8月初，湖南长沙星沙公益读书会、乐和社工协会和惠农社工站达成一致，计划八九月份在惠农村组织一次乡村旅游接待活动。惠农社工站经协商，决定由响堂组互助会负责接待。

响堂互助会成立于2014年，会长李长寿是一个很有头脑和公益心的人。2014年底，该互助会被评为优秀乐和互助会。该互助会拥有玫瑰园及大面积吊瓜种植园，具有非常明显的资源优势。

接到乐和社工站的消息后,响堂互助会积极筹备起了本次接待事宜。惠农村村支两委也对此事非常上心,在筹备过程中给予大力支持。

为此,2015年8月7日晚上7点,响堂组互助会乐和代表们在乐和代表朱仲佳家中召开了一次会议,在会中商议接待人家、接待注意事项、活动内容、礼品、奖品安排等事项。最终确定5个乐和代表每户接待2桌,菜以农村生态菜为主,吊瓜在朱建伟、李长寿的产业基地采摘,玫瑰园欣赏活动由朱仲佳负责。

2015年8月10日上午10点,惠农村村支两委召集响堂组乐和代表及社工在村部再次召开会议,并邀请创业先锋——露天瓜蒌种植公司的喻露明参加,就接待星沙公益读书会一事进行商议和分工。喻总非常支持,表示将为此次活动提供奖品。村部还派专门人员负责安排停车等后勤服务工作。

2015年9月10日晚7点,响堂组继续召开互助会,调整接待方案,确定接待人家,确定菜谱,统一分工安排。接待地址确定为朱建伟家,菜谱除猪肉外,其他都由互助会内部提供,场地卫生、茶水接待、中餐掌勺、配菜等具体工作全部分工完毕。

2015年9月12日清晨5点,响堂互助会灯火通明,路边池塘上回响着李长寿他们的大声吆喝:"过边,那边,快快!"朱新德家一股浓浓的嗦螺香味扑鼻而来。好客的主人还将自家沙田柚树上的柚子摘下来，每桌摆 2 个给远道而来的客人品尝。星沙公益读书会一行在中午 12:30 上完食育课程后赶到了惠农响堂互助会的乐和人家。响堂组互助会精心准备的菜肴让游客赞不绝口。

午餐过后，由互助会会长李长寿带领大家前往吊瓜基地进行吊瓜采摘比赛。互助会先说明规则，青色未成熟的吊瓜不能采摘，以免破坏吊瓜收成。吊瓜采摘获胜者获得了由露天吊瓜基地老板提供的"金井奇汤"一瓶。至此，星沙公益读书会惠农之行结束。星沙公益读书会对本次响堂组互助会的接待活动相当满意，纷纷在朋友圈发布这一难忘的乡村体验之旅。

2015 年长沙双冲村乐和大院里的"外嫁女回娘家"活动

发展乐和生计是"乐和乡村"项目的五个目标之一，目的是促进乡村经济的发展，为乡村复兴提供内生动力。目前，发展乡村旅游是乐和生计的重大方向，乐和乡村也在这方面做了多次探索。丰富的乡村资源和农耕文化是乡村旅游成为热潮的主要原因；而乐和乡村不仅具有丰富的自然资源和农耕文化，通过乐和建设，乡风民情也得到很大改善，因此具备了发展乡村旅游的条件和优势。通过社工连接村民和游客两端，将乡村旅游资源推到了游客面前，将游客资源引进了乡村，促进乡村旅游的发展，也有助于村民提升收入水平。

乡村文旅只是乐和生计的一个方面，乐和生计又只是乐和家园的一个方面，乐和家园的愿景是为城乡的共享农园铺垫产床。说得更远一些，是探索一种新的发展模式。乐和是"一家人"的社会治理方式，是"一条心"的理念共识，是"一张牌"的经济体制，也是"一座园"的产业愿景。一个有村落、有农场、有书院、有医馆、有集市，有地面高速公路和信息高速公路，有基础设施又有公共服务的乡村，就是一个产床，一个能够孕生创意产业、生态农业、创意手工业、养老产业、养生产业、培训产业、旅游产业的产床。

这个被称为乐和生计的生态经济链条，不同于那种已把人类带进经济和生态双重危机的大工业模式。毋宁说，它带有信息社会的后现代特征；或者说，它是将传统生态智慧与现代管理相结合、以信息技术和信息平台为基础的开放性、多样性系统，是上游的乡村生产者、下游的城市消费者和中游的市场销售者和谐共生的新的发展模式。

十多年前，我在接受"价值中国"节目的采访时被问道："您一直大力提倡乡土文化，那您怎么看待中国的城市化？"我的一段回答现在看来似乎还未过时，不妨摘录于下：

> 西方文明无非是城市化、工业化、全球化的文明。但不管是从经济学还是从社会学的角度来看，我认为城市化这种方式在中国不能再按照西方的模式走下去了，中国要走乡村建设的路，已经到了这个时候了。
>
> 城市生活非常脆弱，因为它的一个环节依赖于另外一个环节，一个脆弱环节的断裂就会导致全盘崩塌。尤其是生态系统承受不了这样一种过度密集的人类生存方式。国务院近日确定了第二批32个资源枯竭城市，令人十分担忧。当有一天，城市人由于各种系统趋于崩塌的时候，恐怕乡村会成为我们最后的留守地。
>
> 质疑和挑战过度消耗物质能源的生活方式，不是让人们去牺牲，恰恰是让人们去找回现代社会最难得的"奢侈品"——这就是健康和快乐。生活价值和生活方式的改变，也并不意味着经济的衰退，而恰恰是产业转型和新的生态经济的发动机。

当人们不满意食品污染而追寻有机产品的时候，当人们真正把食品安全作为生命基本诉求的时候，中国这个既有土地也有劳动密集型人力资源的农耕大国，就有可能成为世界上最昂贵的"有机食品菜篮子"。

当人们在对物质的无休止追逐中找不到幸福的时候，当创物产业很难拉动内需而人们开始追求高质量精神产品的时候，就有可能使中国悠久的文化资源成为创意产业的资粮。

当人们厌倦了工业化批量生产的大宗产品而向往个性化手工业制品的时候，当人们厌恶了污染而崇尚返璞归真的自然产品的时候，中国几千年的手工艺传统就有可能与时尚结合而引领风骚。

当人们真正关注健康，用生命崇拜代替资本崇拜的时候，当人们不甘忍受心灵硬化的苦闷而追求各种形式的国学研习的时候，古老的养生智慧和国学教育就有可能拥有最具潜力的市场。

那个时候，乡村就是他们的家园！

第四章 用乐和治理 促进生态共建

人类面临的生态危机正在加剧。环境污染和资源耗竭的重病,不仅在城市发生,而且也在乡村蔓延。水污染、空气污染、物种剧减、垃圾、噪声、土质退化、水土流失、不合理的乱挖滥采以及不安全的养殖、种植和食品加工愈演愈烈。在环保行业里有一种现象,就环保说环保,就项目做项目,很少去谈社会治理。而乐和人居是一种综合解决方案,既是一个包括生态民居、沼气、污水处理、垃圾分类、山体保护、水源保护的环境管理系统,又是一个与乐和生计相应的绿色生产系统,亦是以古老的生产智慧、乡土文脉和自然养生为根基的绿色生活系统,而这一切都基于家人社会的治理系统。

我们深深地体会到,落实生态文明最大的困难,就是基于自然村的基层社会的解体,而修复乡村基层社会,以社会建设推进生态文明,则是一条行之有效的道路。

第一节
顺天应时的绿色人居

推进民主协商制度广泛多层次发展,最难的是底层的民主协商机制的建立,而在乐和试点乡村,我们看到联席会这种基于村民小组的民主协商机制对环境管理所起的作用。因为乐和人居,本来就是与乐和治理、乐和文礼、乐和康养、乐和生计相辅相成的综合系统。

一、修复乡土社会,共议乡村规划

现代规划通常是为城市发展而制定的。中国的乡村自改革开放以来,很多地区是没有规划的。外出打工的村民回村以后盖房子,基本处于自发无序的状态,而建房的大工、小工们基本上也处于互相模仿没有规范的状态,缺少环境和文化保护意识,这对于中国的乡村环境特别是乡村景观产生了很大的不良影响。

乐和家园的第一个规划是在 2008 年汶川地震处于极重灾区的四川成都彭州通济镇大坪村的废墟上展开的,由中国工程院刘加平院士的团队和大坪山生态协会共同商议制定。刘加平教授是西安建筑科技大学绿色建筑研究中心主任,主要从事建筑节能和绿色建筑领域的教学、研究和工程应用工作,在西部低能耗与绿色建筑模式、地域性民居建筑再生与发展、太阳能富集地区建筑节能设计原理和方法等方面有着突出成果。

当时,他正在成都召开一个关于绿色建设的全国性会议,接到我电话请求后的第二天,就爬上这座海拔 1400 米的大坪山考察。随后他和他的搭档周伟教授以及团队成员再一次来到这片废墟,自带干粮做义工。我记得当时刘加平教授说:"我和我的团队自带干粮来这里做义工,不光是因为有你的团队,更重要的是你们帮助修复建立了乡村社会组织。我们是不可能为单个的农户做生态设计的。"他深知,就全国而言,生态民居和节能建筑的推广在乡村之所以难以实施,根本的原因还是在于缺乏农村社区组织来处理相关事务。

在中国农村,村民拆掉自己原来的生态民居,选择那些高耗能、低质量的所谓"现代化"建筑是普遍现象。这些建筑在四川地震中绝大多数都坍塌了,太多单个的农户在灾后重建中依然选择了这些"站起来是垃圾建筑,倒下去是建筑垃圾"的住宅。但是在彭州大坪山,因为基层社会的修复,因为乐和治理，村民有了新的生态选择。先是住在救灾帐篷里的地球村社工们帮助大坪村村民注册成立了大坪山生态协会，并与大坪村村委会和北京地球村一起成立了联席会和联合办公室。有了这样一个机制，才能够邀请到刘加平院士这样的生态建筑师组成的义工团队来到大坪山设计生态民居。正是在这样的乐和治理体制基础上，生长出了一套非常适合乡村的低碳建房操作模式，即"乡野生态屋"的建筑风格、"乡情小聚落"的建房方案、"乡土工程师"的建筑主体。总工程师对每一个被称为"乡土工程师"的村民进行系统教学、现场督导和工程评估。村民互帮互助、自建房屋、集体采购，每平方米造价不到600元。这

2009年四川大坪山生态房子施工现场

些既现代又古朴的生态民居较一般的乡村砖混建筑至少节能减排50%。这样一个生态民居的系统工程，如果没有生态协会和联席会以及社工站各负其责、各尽其能的分工协作，单靠一家一户的村民，是难以想象的。

如果说四川大坪村的建设还只是一个几百户人家的村落设计的话，那么重庆巫溪县在2010年至2012年间实施的乐和家园乡村规划就是全县范围的综合工程，包括从乡村的景观设计到生态民居、乡土聚落、生产生活、文化设施等整体的规划。该规划体现了人与环境和谐共生的精神，符合环保部门的法规条款，更重要的是在政府主导的社会建设的共治平台上的参与式规划。

为了改变乡村发展无规划、规划过程缺乏参与的状态，乐和家园在巫溪县羊桥坝等试点区域实施了系统的乐和乡规，聘请业内专业人士通过参与式规划，摸索"乡野生态屋、乡情小聚落、乡土工程师"三位一体的乡村建筑模式和乡村景观设计。该规划包括四个方面的要求：第一，对环境进行全面体检，开展地址地理情况和生物多样性的本地调查等，村委会负责安排任务和跟进结果，乐和互助会负责配合本地情况的介绍和村民参与，公益机构负责邀请专家考察、义工进场进行调研；第二，景观设计要保持乡土内涵与现代化的结合，既是为乡村旅游而设计的景观，也要尽量体现乡土农园而不是城市公园的特色，这种设计对于大聚落的公共空间和小聚落的共享院坝都进行了考虑；第三，规划与产业发展相结合，遵循政府的耕地保护原则和古老的省地护地习俗，尽量把土质好的农田保留下来，将建筑放在土质较差的地方和丘陵山堆，果树与林间小径、农田与田间小道、住宅与乡村小路等都和"乐和农园"的乐和生计相融合；第四，考虑环保设施，如沼气池、污水处理设施以及人工湿地等的分布。

这个规划最重要的亮点是乡村社会组织的参与。在乡建联席会的机制里，村支两委将政府规划部门的规划意见落地，公益机构动员人脉资源请来专业设计人士，乐和互助会根据需求召集乐和代表和专业人士一起开会研讨及入户调研，讨论羊桥坝的发展规划。专业人士在沟通中听取村民的意见和要求，并传递中华民居的内涵和现代生态建筑的理念，使得户型的选择、聚落的形成、原住房的拆迁乃至迁坟这些棘手问题，在这样的共治机制里都能得到顺利解决。最后，设计团队也成了乡建联席会的临时成员，成为乡情乡亲氛围中的一分子。设计师感慨地说："自己做了20年的规划，在别处从来只和规划部门打交道。到了羊桥坝，却成了村民的朋友，到处有人打招呼。"

二、重构三堂空间，设计传统家居

几年前，我在一本由中国住房和城乡建设部与联合国人居署联合出品的杂志《人类居住》上发表《三堂文化与乐和家园》一文，旨在向建筑界和设计师们分享中华传统设计的理念，这种理念在今天的乡村振兴中应该得到更多的关注和传承。

以中华文化的本质来理解中国社会的特质，可以看到，中华文明一脉相承五千年，是有她的治理智慧和治理结构的。道统、学统、政统是中华民族几千年来生生不息的顶层设计，乡村的中堂、学堂和祠堂则是她的底层设计。家里的中堂是生活空间和精神空间；学堂是学习空间，每一个乡村都有私塾和乡绅，培养出很多人才；祠堂是公共空间，处理乡村的公共事务，包括矛盾的化解、环境的维护、老人的照顾、小孩的教育。正是基于三堂的信仰支撑了生活，也是植根于三堂的生活留住了信仰。一代又一代的中国精神，通过道统的信仰而传递，通过学统的养育而传播，通过政统的维新而传承，通过乡村的祠堂、学堂和中堂而延绵。

从 2008 年开始致力于乡村建设一线工作以来，从四川的大坪山到巴渝的巫溪县，从重庆南岸区的乐和谷到湖南长沙县的乐和乡村，从杭州的永和镇到贵州的对门山，我和我的团队在

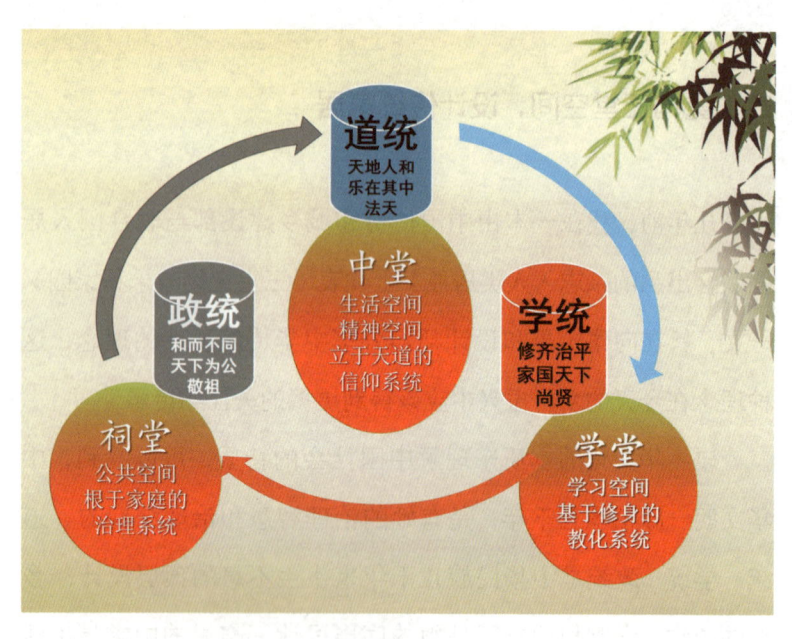

三统三堂

道统
天地人和
乐在其中
法天

中堂
生活空间
精神空间
立于天道的
信仰系统

政统
和而不同
天下为公
敬祖

学统
修齐治平
家国天下
尚贤

祠堂
公共空间
根于家庭的
治理系统

学堂
学习空间
基于修身的
教化系统

参与乐和家园建设的过程中,总是对乡土文化予以充分的尊重。尊重他们建房上梁的古老仪式、乡情宗脉的悠久传统、敬天法祖的堂屋香案、慎终追远的丧礼习俗,让这些无形的文化成为凝心聚力、共享乐和的现代根脉。我们清楚地知道,在乡村建设中,不应该只着眼于有形的物质方面,而要去发现和发掘几千年乡土文化的无形遗产,特别是祠堂、学堂和中堂的三堂文化。要用有形与无形的整体全息的世界观去看待和对待整体全息的乡村世界。

在中国文化备受世界瞩目的今天,我们乐和家园思考的是：如何吸纳中国传统的社区共同体的经验与智慧，创造性转化为当代的城乡社区治理模式？乐和家园的治理结构以及"三院六艺"的空间与活动设计，就是传承和创新三堂文化的一种尝试。

在今天的人居设计和氛围营造中，乐和家园的空间设计由"三堂"转化为现代的"三院"，即大院、书院和庭院。乐和大院作为公共空间，由村委会提供行政支持，社工提供村落设计和技术辅助，乐和代表作为乡贤出面张罗，进行公共空间的设施建设、氛围营造和活动组织。乐和大院的主要功能是培育社会组织互助会和社会协商机制的联席会，开展公共活动，讨论公共事务，培育公共精神；乐和书院作为学习空间，开展耕、读、居、养、礼、乐新六艺活动；庭院是村民的居家空间，其设计也应该尽可能传承中华人居智慧和书香门第的理想，特别是要修复体现中华家文化核心价值的中堂。

如今的中国面临着比历史上更为严峻的考验，就连传统精美的家具也严重地贬值。我的一位朋友，用 20 年前新农村建设淘汰的民居建材和家具，建了一座令人惊叹的学院。那时候不少村民为了追赶现代化，甚至把老家具淘汰了当柴烧，还说："老家具好烧，不冒烟。"在那个时代，有的地方甚至可以用一个席梦思床垫换取明清大套家具。而在房间设计上更是对中堂文化弃如敝屣，如在房间最显著的地方撤下中堂画、换上电视机。北京师范大学教育学博士沈立有一次应某省室内设计协会的邀请，作为评委参加他们的室内设计大奖赛。他一个小时看了一两百套室内设计的方案，结果这些方案的大厅都有一个共同的特征——大厅中间就是一台彩电，正对着彩电是一圈沙发。一两百个方案，一模一样，都是一个模子里刻出来的。而传统的民居布局，有着深刻的文化内涵。

以前，中国的乡村建筑有基本的制式，房子由技术纯熟、经验丰富的"大工"打造，后期的维护则有各种各样的传统方法，所以很多老屋可以上百年而不倒。到了当代，在中国的建筑领域，无论是小工还是大工，都缺少生态民居理念与操作的培训，这是中国乡村建筑质量不高、外观不美的重要原因。而在四川彭州大坪山，尽管川西几座民居的老房子依然挺立，所谓的现代建筑将近百分之百倒下，村民依然对于灾后重建要不要再造川西民居犹豫观望。这时，刘加平教授团队起到了关键的作用，多次给村民做培训，讲授川西生态民居的价值和操作，还专门制作了培训教案，启动"乡土工程师"开工仪式。多少年来，这些本来只是会盖房子的工程师，如今成了环保工程师，既懂得怎么建生态民居，又懂得自家的污水处理与节水节能的环保知识。作为生态民居的传承者，理应有这样的荣誉感。

重庆巫溪县乐和家园建设委员会专门在县规划馆辟出一

个区域作为乐和家园建设宣传区，特别为大工、小工们解读生态建筑和环境保护知识，让这些乡土工程师既能传承古老的中华民居的生态智慧，又能吸收最新的绿色建筑的理念。当然，组织大家去学习和执行的任务，还是要"一站两会"地去落实的。

三、信赖乡村组织，实施环境管理

近年来，政府针对环境硬件的投入越来越大，但是所有环境硬件的建设和运行，都需要社会建设的软件来保障。乐和家园在政府主导的共治平台基础上，提供了加强硬件建设投入和运行的辅助力量和监督力量。如果说在四川彭州的大坪山，我们作为灾后重建的项目执行者，还有项目经费来辅助环境教育和环境管理的话，那么，在之后的乐和家园试点村里，我们看到的是在乐和治理中组织起来的村民，在没有一分钱项目经费注入的情况下，自发自觉的环保行动。

环境保护究竟是政府的事，还是村社和个人共同的事情？巫溪县羊桥村附近有条常年漂着垃圾、积着污泥的大水沟。乐和互助会组织起来以后做的第一件事情，就是带着村民们出义工清垃圾，把河里十几年来积下的污垢清理了一番，还对这条水沟的处理提出了多种工程改造方案,并且积极参与方案的选择与实施。政府部门和乡镇干部改变了过去大包大揽的行政方式,把精力放在扶植互助会、激活他们的家园意识和家园责任上。

乐和家园建设的一项重要任务是建立以社区、乡村和学校为基础的公众对于环境监测、网格管理等的环保政策法规,建立垃圾处理和水污染监测的分片责任机制,使得政府督察部门有一支分布在乡村的志愿者队伍。各村的乡建联席会与县级的乐和家园办公室联系,设立环保咨询热线和环境举报热线,热线工作人员回答村民的环境咨询,将举报的信息传递给环保局和政府有关部门。

在乡村共治机制中建立环保方面的小组和专门负责人,与县镇党委政府的产业、环保、林业、城管等有关部门和相关任务相配合。同时,各个家庭或单位选出环保员,根据乡村的居住情况建立片区,以建立以家庭为基础的环境管理体系。就连村庄的危房改造、连片整治这样一些从来都是政府制定规则的项目,在长沙县双冲村也是在联席会上由大家商议制定,所有的工程监理和义务帮工都由互助会承担。至于在环境整治过程中的一些矛盾,甚至暴力冲突,也可以不动用派出所而由互助会和联席会来化解。

在湖南长沙县,以前经常出现政府为村民做"湿地工程"

"生态路""小水利"而村民不买账不配合的情况，为工钱讨价还价，为一棵白菜的赔偿叫板也司空见惯。其中重要的原因是没有自然社区组织的建立和参与，通常是由政府部门与乡镇商议立项，由村支两委执行，实施的方式通常是承包给外面的公司。其结果是很多政府的项目根本推行不下去，老百姓故意拿东西阻挡。乐和乡村建设以来，由乡建联席会各方根据政府的环评法等法规，结合传统中国乡村关于环保的乡规民约，拟定出适合本村的细则；同时，根据县环保部门的要求和乐和家园建设委员会的工作计划，拟定阶段性的生态环保工作规划。

　　农村环境整治中有一个重大任务是"双控"，指的是控制违规建房，禁止私搭乱建和控制违法用地。之前，行政手段要么花钱雇"看护员"，要么交给村支两委监管，结果却经常流于形式，控制私搭乱建、违规建房和违规用地问题几乎无解。很多地方常规性的做法就是强行压制，结果酝酿出更多的执法冲突，干群关系进一步恶化。在南岸峡口镇，政府把双控作为社区公共事务交给了互助会。通过联席会，由村支两委与互助会、社员代表大会共同商议建立双控协管机制，由互助会在村民中选出11人担任协管工作专员。这些代表中的每个人都起来发了言，做出了自己的承诺。经过大家的讨论，还形成了这样的制度：协管专员按照"一天一电话、一周一总结、一月一汇报"的要求,在社工站的配合下,向村支两委反映具体情况,向镇政府汇报总体情况。本来由外在力量监管的事情,成了村民自己要承担的事情。

2018年酉阳县何家岩互助会成立后的第一件事就是保护环境

第二节
法天则地的绿色产业

乡村的环境保护对于城里人来说，可能只是个生活的概念，但对于村里人来说，还有着更多的内容，那就是生产。所以，乐和人居的一个重大任务就是要推进绿色经济和生态产业的发展。张孝德教授在《乡村逢工业文明衰，逢生态文明兴》一文里，分析了生态产业为乡村振兴提供的机会："2008年金融危机之后，兴起的新能源革命与生态经济，以及目前的中国经济转型，为边缘化的中国乡村产业的发展提供了新的时代契机。如果说现代信息技术和交通技术为乡村承载现代产业经济提供了可能性条件，那么在生态经济推动下回归自然的低碳消费、文化消费等，为中国乡村生态产业的发展提供了广阔的市场和动力。"

乡村振兴如何能够抓住这样的机遇，推动中国实现生态文明转型？乐和家园还处于基层生态文明实验的初步阶段，尚无定量的研究方法和测算体系，既有框架里的许多任务还没有完成，生态经济的重点领域和重要环节还没取得根本突破。但乐和家园始终坚持社会治理为绿色发展的基础，并且以中医整体思维来推动绿色发展，逐步打好绿色经济的五张牌：绿色战略，价值共识打底牌；绿色诚信，社会共治保王牌；绿色产品，经济共赢造品牌；绿色营销，生命共惜推名牌；绿色投资，环境共存夺金牌。

一、绿色战略，价值共识打底牌

首先，以价值共识提供社会共治的绿色内涵，这些共识包括：传承和传播敬畏自然、法天则地的生态伦理，重估青山绿水自然资本的价值，避免杀鸡取卵、竭泽而渔的短视发展；应对30多年经济高速发展之后出现的发展不平衡和信仰缺失的问题，注重精神家园的营建；立项过程中、绿色审核过程中保证村民参与，避免少数人为自己的私利引进不良项目；与本村相关的开发项目，让村民具有被告知的权益以及参与政策建议的渠道，从源头开始避免一些不适当的经济开发对当地环境的破坏和村民利益的损害。

在这些共识的前提下，就可以进行新的产业布局，抓住历史机遇、实现战略调整。

张孝德教授认为，从目前的发展趋势看，有五类产业将会成为中国乡村振兴和文明发展的新兴产业：

一是生态有机农业。高附加值的农业生态产品将成为未来生态农业产业发展的新方向。目前，绿色发展已经成为中国发展的核心战略，并进入"十三五"规划。在生态文明建设理念的指导下，中国社会正在兴起绿色消费、低碳消费、文化消费的新趋势，使沉睡于乡村的绿色资源成为新财富之源。2014年，浙江安吉县的农民仅依靠青竹和白茶这两类绿色资源所形成的乡村产业，就使得该县农民人均年收入达到21562元。安吉仅是中国乡村绿色发展的缩影。

二是乡村旅游业。目前在全国各地快速兴起的农家乐经济，就是乡村独有的自然资源与乡土文化资源相结合的产物。我国广袤的农村聚集了全国大约70%的旅游资源。乡村的旅游将成为乡村经济发展的支柱产业，成为带动农村脱贫致富的一个亮点。

三是乡村手工业。在新需求的推动下，借助现代市场经济、乡村旅游业与文化产业发展的契机，中国的乡村手工业正在悄然复兴。

四是乡村农副产品生产与加工业。在新的发展形势下，男耕女织的农耕文明形式，需要再创新、再升级，这也是乡村振兴总体要求中如何实现"产业兴旺"的重要内容。

五是乡村新能源产业。在中国农村发展沼气、太阳能、风力发电，利用新能源产业提高农民的生活品质。随着中国逐渐进入老龄化社会，乡村特有的低成本生活与浓厚的乡土人情，在乡村养老产业中所起的作用将会越来越凸显。目前，我国已经成为世界上最大的太阳能热水器生产和消费国家，而太阳能热水器90%以上的市场在中国农村，太阳能光伏发电也在迅速发展。

总之，目前正在兴起的乡村旅游业、中医中药业、康体保健业、传统民间手工业等产业，都是以中华文化为资源的新兴产业。可以说，根源于中国乡村的传统文化，100年前是包袱，20世纪80年代是概念，90年代是古董，21世纪是稀缺资源，是财富之源，是竞争力之魂，是民族自信之根。①

产业转型切忌政府包办。重庆巫溪大坪村的一次集体上访就是由乡镇政府好意引进的黄姜项目的失败引起的。产业转型是乡村治理的契机，理念、机制、空间、活动以及参与方式，都是乡村治理的必备要素。

二、绿色诚信：社会共治保王牌

以社会共治保证绿色决策，同时，以社会共治建立绿色诚信。乡村社会对于绿色产业的价值最重要的就是乡村信誉体系

---

① 参见温铁军、张孝德：《乡村振兴十人谈》，江西教育出版社2018年版，第47—48页。

的重建，而这正是绿色诚信的根基，这个根基源自五个方面：

第一，集体自强，改变过去单打独斗、恶性竞争的局面，真正实现合作经济，共同富裕。第二，个人自主，在共同富裕的前提下充分发挥个体的自主性和能动性，生产计划和产业规划须充分了解和尊重各户意愿，由互助会提出，交联席会讨论之后再递交有关部门，为有关部门提供产业设计的依据。将村级治理和村民议事会的功能落实到产业，调动村民自己为自己规划未来的积极性。第三，生存自然，所有的产业设计都是为了发展与环境友好的生态产业，符合政府的环保国策，特别是生态文明的产业方向。第四，道德自律，在新的产业模式探讨中燃发村民"德业相劝、过失相规、礼俗相交、患难相随"的和谐文化与民风。第五，乡村自豪，通过乡村的生态农业、旅游业和手工业为城市社区提供安全食品和健康身心服务，以此来牵动城乡统筹。

三、绿色产品，经济共赢造品牌

"绿色"一词本身可以有不同的理解，不妨分为"浅绿"和"深绿"。我们理解的"深绿"产品应该是全生态、原生态和共生态的产品。

绿色产品是全生态的产品。全生态的含义是"天地人和"。在乐和家园的理想和愿景中，乐和的"绿"是"深绿"，既有与自然的和谐，也有人与人的和谐，以及生产者的身与心的和谐。乐和食物是在人与人、人与自然、身与心和谐的情况下生产、运输和消费的食物。全生态的含义还在于还原乡村生活本然的和立体的状态，不一定要人为的一村一品，而是尊重乡村本然的生活，尊重物种天然的多样性。乡村的原生态生活本来就是立体的生态产业，可用耕读游艺来表述。

2015年长沙县乐和乡村生态酵素养殖场

绿色产品应该是原生态产品，遵照自然农法生产，注重本土文化和本地食物的生产、交流和消费。原生态农产品第一要进行目标承诺,制定严格的目标,比如无转基因食品、无化肥农药这种承诺的背后,是坚实而严密的乐和治理系统。第二,要进行源头控制。乡建联席会的各方代表可以经过商议,推荐专门的供销点,供应商的确定也是经过多方商议和可控可知的措施,建立联保和自律条款,通过信誉来拉动效益。第三,要进行信息公开。食品安全问题在于有害生产的广泛性和隐蔽性,更在于消费者对于食品生产链和健康养生的常识的重视不足和获取途径的匮乏。这些恰恰是乐和食物系统通过网络和其他多种媒体的监督"四处亮相、施展身手"的机会。第四,产销合一,即"用户+农户"的产销链。对引进的食品,标明生产农户(或合作社)、生产日期和进货日期,以及农户"原生态生产过程"的签名保证,并拍照、文字存档。这个机制同样适用于从其他渠道引进食品的记录。第五,食物关怀。通过共治机制所开展的教育,唤醒和强化人们对于食物的关心和食物生长环境的关注。通过生命意识的复苏,推动环境意识的建立,从关心呼吸和饮食开始,逐渐培养关心空气、土地和水源的意识。这个工作是单户的生产者或者消费者难以进行的。

  绿色产品还应该是"共生态产品",是消费者与生产者之间的"绿色共谋"。一方愿意为自己的健康买单,另一方愿意为满足这样的需求生产。以此拉动的乡村建设和社区建设一体化,其意义更是超越了经济,而朝着以经济共赢、环境共存、社会共治、生命共享、文化共荣为内涵,以和谐共生为本质的生态文明演进。

生态伦理这张牌,看不见、摸不着,但却是王牌,是灵魂,是地基,没有这个地基,其他所有的建筑都会倒塌,链条的其他环节也会断裂。敬天惜物,并不是完全停止对自然界的索取,而是要取之有道,通过顺应自然法则来发展经济,比如从化肥农药农业转为自然农法;要取之有度,遏制贪婪,比如农业和旅游业都要以自然承载力为前提进行总量控制;还要取之有情,比如在山东曲阜的生态小农场,开耕之前是有敬天仪式的,在生产过程中激发人们作为自然之子的良知与情感,这是环保最深层的力量和生态经济最深厚的土壤。

四、绿色营销:生命共惜推名牌

绿色营销的大战略是绿色社区和生态乡村的互补共生。

作为中国绿色社区理念和实践的最早推动者之一,我们一直在参与绿色社区建设和生态乡村建设的实验。首先,社区可以通过跟乡村结对子,助力乡村的绿色发展,培植乡村的生态意识和生态品牌,促进乡村的集体机制与社会和谐。消费者的订单决定着生产的种类和数量,要求着经营者的集体信誉,监督着购销中的规则，拷问着生产方的良心，也决定着投资者的意向。订单是城市居民参与乡村振兴的途径，一方面可避免价格波动或者供过于求引起的"谷贱伤农""菜贱伤农""瓜贱伤农"，以及由此引起的资源浪费，另一方面也是解决食品安全、避免消费者自身权益受到伤害的明智之举。订单本质上是为自己的健康买单。订单也许可以被称为理性的市场经济或弹性的计划经济，其功能是促成消费和生产、人和自然更多的和谐。

其次，基于生态经济的乡村建设也将带动社区建设，提升城市生活的品质。健康生活从健康食品开始，从接触乡村的泥土和阳光开始。乡村的产业转型可以影响和带动城里人生活方式的改变。好的乡村，才有好的食品；乡村的质量，也能反映城市的生活质量。让城市消费者通过与乡村的生产者结对子而获得安全食品，获得通过乡村旅游、养老养生、返璞归真的去所，由此提升城市生活的品质，让城市成为保存着乡村脐带和乡土气脉的生活空间。从这个意义上看，帮助乡村就是帮助自己。

这个被称为乐和生计的生态经济链条，不同于那种已把人类带进经济和生态双重危机的大工业模式。与其说它带有信息社会和后现代的特征，不如说它是将传统生态智慧与现代管理相结合、以信息技术和信息平台为基础的开放性、多样性系统，是上游的乡村生产者、下游的城市消费者和中游的市场销售者和谐共生的新的生存模式。显然,这个模式要获得成功,不是单靠乡村建设,还需要来自方方面面的助力。

2019年乐和之家的生态农产品在冬藏节上受到青睐

五、绿色投资:环境共存夺金牌

绿水青山如何成为可持续发展的金山银山?这需要投资来修护环境,也需要投资来支持与环境友好的产业,并从中得到可持续发展的经济效益。

生态乡村和生态经济，需要以社会利益最大化为目标的社会企业与村民的合作。如果能有更多的基金把公益投资转向这样的乡村合作机制，较之纯粹的捐赠来说，会更有可持续的效益。政府如果委托公益机构或社会企业，通过与村民和村支两委形成互补共生的机制，来执行乡村建设的投资，则不失为一种社会创新。还有一些大企业，不妨尝试把一部分本用于慈善捐赠的款项变为对于乡村建设的公益性综合投资，通过资助和委托社会企业与乡村组织的合作伙伴来执行。还有一些社区组织，乃至一些分散的个人，也可以以互助的形式，组成一个社会企业，或者委托招募社会企业，来执行乡村建设的投资和贷款。银行的贷款如果支持这种形式的社会创新，那么，就会涌现出大批的社会企业家上山下乡，吸收待业大学生，特别是来自乡村的大学生组成乡建团队。对于资助者来讲，这样一来，既帮助了乡村经济，又发展了公益经济；既推动了绿色生计，又解决了食品安全问题，不失为中国特色社会主义乡村振兴的有效创新和可操作模式。

如何让城市居民连接乡村、振兴乡村，让乡村成为人们安居乐业的地方，成为新的产业的生长地？如何让城市社区和乡村携手共生，实现社区层面的城乡统筹？这里面有两个重要的力量：一是绿色社工，即有着生态意识的社会工作者，作为城乡社区建设的专业力量；二是绿色企业，作为城乡社区不可或缺的纽带。在村支两委的支持下，社工和社企携手走进乡村，与乡村基层政府和村民组织组成共生共治的机制，共同实现社会和谐、经济发展、环境保护、全民保健、精神文明的五大任务；另一方面，社工和社企联手走进社区，通过绿色环保来推动社区参与及订单接入，从这两个方面同时助力乡村绿色经济和社区绿色生活。

实现生态经济，政府的支持和扶植至关重要。尤其在这个生态链条启动的初始阶段，从技术支持、集体扶植、市场优惠、道德鼓励、社区参与、投资引导到订单宣传，乃至让有机生产者和消费者的交流有更大的窗口和门路，那么消费者和生产者都会因此得到更多的福荫。它带来的不仅是经济效益，还有环境的保护、土质水源等综合指标的改善，以及增强社会和谐、提高道德水平、提升全民健康、促进城乡统，筹等，由此带动的，是一条新的城乡发展之路。

第三节
敬天惜物的绿色生活

环境问题,是人类对环境不负责任的生产方式和生活方式造成的,其根源则是对自然不负责任的思维方式。如何解决人类无限的发展欲望与有限的自然资源之间的矛盾?中国文化给了我们一个治本之策,就是调和内心的欲望,发现作为快乐来源的心能及作为健康来源的体能的意义,节制对物质能源无节制的消耗,这就是"深绿",即从生态的"绿"深入到生命的"绿"、深入到生活的"绿",也就是"天地人和、乐在其中"的乐和之绿。它源于中华文化的生存智慧,扎根于中国乡村的田园生活。乐和人居就是要去发现古老乡村的生活智慧,营造现代乡村的绿色时尚,帮助那些以追求和模仿城市高碳生活方式为目标的村民,走上另一条更明智、更经济、更时尚的人居之路,让蓄心能、增体能、惜物能的深绿意识,成为一种绿色的乡村生活,成为一种绿色的公序良俗,并由乡村引领城市,走向生态文明。

一、重估乡土价值，重拾生态传统

北京地球村的环保历程是从城市的绿色生活与绿色社区开始的。在这个过程中，我们一直在寻找绿色理念的源头。我们和许多有识之士一样，看到了"失道、缺德、妄为"正是环境问题的根本症结所在。单向依赖物能的生产方式和生活方式正在逐渐使人类的心灵硬化、身体退化、环境恶化、文脉枯化。"物欲"变成"物狱"，人变成了物质的奴隶。我们只有打破物狱来尝试一种新的生活方式，让生命树的果实来滋养我们的心灵，才能获得真正的健康和幸福，这也是环保的最高追求。

2000年以来，为了寻找中国式环保的精神资粮，也是为了补课，我用"苏菲奖"的奖金做经费，拍摄了一部名为"天知道"的关于中国智慧的纪录片，为此采访了许多中国文化的传承者和守望者。如果按照西式的分科来理解中国文化，那么儒家是东方伦理学，讲人事；佛家是东方心理学，讲人心；道家是东方宇宙学，讲人本；医家是东方医学，讲人身；琴棋书画是东方美学，讲人居，诗意的栖息……所有这些都是我们生命树的果实。中华文明为什么能存活五千年，为什么能持续发展并一脉相承地延续下来？就是因为我们文化中的自然和谐的生活态度。在中国人几千年的文化生活当中，天地良心、崇道厚德，一直是中国人的宇宙大法和人间心法。

那么，支撑这种传统智慧的根基又在哪里呢？2004—2007年，我走访了云南、江西、四川、贵州等地的乡村，特别是那些很少受到现代污染的乡村，并从中找到了答案。

在贵州，我去了20多个村寨，走到其中一个寨子边的森林时，感觉格外幽静和温馨。后来才知道，这片森林竟是村子的墓地。这个村子里的人是不修墓碑的，每个孩子出生时，他的父母就会为他种下一棵树；人死后，其家人便将这棵树做成棺木，将其埋葬在原地，新人出生就再种一棵树。这是与先人智慧的对话，他们以身体滋养树木的方式让自己生命延续下去，这是典型的中国式环保。

很多村子都有寨老，由村里德高望重的老人担当。寨老是整个村庄的道德楷模和灵魂人物，村民有事都会去找寨老和寨老会解决。村子里没有警察，门都不上锁。邻居家盖房子，大家都去帮忙，而且还是自备饭团。我住在侗族人家时，有一天半夜十二点来了一群人，开始对歌来彼此传递感情，都是四五十岁的人，还带着少男少女的羞涩和腼腆。这种幸福，我们城里有多少人能感受到？乡土文化留给人们的不仅仅是纯洁的环境，更是纯净的心灵。在乡村还保留着乡土文化的生态智慧、乡土文脉和自然养生的乡村。还没有被现代文明完全改变的乡村，是人类文明的出发地，也是人类心灵的回归地。

身心的和谐，人际的和谐，天人的和谐，是现代人最稀缺的资源。在一个伴随着全球化的文化失落的时代，乡土文化的传承者和守望者们身上的那种安详、宁静、快乐，都是浮躁的现代人可望而不可即的。他们所守望的中华三宝——生态智慧、乡土文脉和自然养生，就是中国式环保的天然模板。

生态智慧是先哲对世间万物存在和发展的思考理解，从中得出顺应自然、返璞归真、循环共生、天人和谐的理念。它作为知识体系、信仰体系、技术系统和管理体系的整体智慧，是支撑民族生存和发展的基石。

乡土文脉是建立在孝亲敬长的道德伦理之上，结合了儒、道、释、中医和琴棋书画等中国传统艺术精神养料的修养文化，并通过修齐治平的多层系统维系着人们的心理健康和社会和谐。

自然养生则囊括了博大精深的中医、藏医、苗医等理论和实践，是在充分认识人体生命现象的自然规律的情况下所采取的顺应自然的养生健体方法，是对竞技体育和大众体育的平衡。

受到传统智慧的启发，我和同人们探索了"三能"环保，作为乐和人居的内涵。与单纯就环境说环境的西医式思维不同，乐和人居主张三能平衡的文明与人生：增体能，绿色安全和绿色养生；蓄心能，绿色伦理和绿色参与；节物能，绿色生计和绿色生活。目的是让环保从单向关注自然的小众行为，变成利益当下和利益身心的最广泛的大众生活。乐和提供了一种整体思维的视角，将心灵环保和身体环保纳入到生态环保之中，并体现在文化理念、评估标准、操作技术、行为指南和公民活动之中。

西方环保有很多好的经验，特别在环境执法和公民参与方面，都是我们应该吸收和学习的。但也要看到他们的环保有很多问题，例如常常撇开心灵环保和身体环保来解决环境问题，因此也就很难把生活方式的改变和生态脚印的缩小当成环保的内在目标，这也是气候变化这些大问题很难得到遏制和缓解的重要原因。

西式环保的某种"成功"，在很大程度上是以全球化过程中的污染转移和生态侵略为背景的，当他们"天蓝水清"之后，环保该怎么搞？不从生活方式下手，不去治理心灵污染、精神荒漠的问题，是没有出路的。对发展中国家来说，由国内外因素造成的所有的污染和生态恶化问题，只能自己消化。加之人口和发展的压力，单单关注物能的效率和替代，其成效是有限的，成本是高昂的。应该同时充分估量心能和体能对于快乐和健康的意义，去发掘自己的文化资源中生态智慧、乡土文脉和自然养生等对于环保的意义和潜力，以此调动公众最广泛的参与。

2008年老中医吴生安大夫到四川大坪村乐和家园义诊,在黄连地里给孩子们讲中草药

我们看"环境"这个词,在英文里叫"environment",这里就隐含一个意思,就是这里面肯定有个"center"(中心);另外一个意思"vigor"(活力),就是人有强大的力量去保护环境。这些说起来都没错,但是如果我们往深处看,从"和"的思维看这个世界的话,我们能看出一定的区别。其实在"天人合一"的概念里,很难说有严格的"环境"这个概念。就像我去过的很多古朴的乡村,那些地方的村民认为大山就是他们的身体,河流是他们的血液,森林是他们的毛发,这都是一体的,不存在一个"环境"问题,最多叫"自然"。另外,从"乐和"的世界观来看,人只是整个生物链条里一个非常脆弱的环节,只是

三千万物种之一，我们只有顺应自然才能得到自然的保护。人就像一个婴儿，看起来挺闹腾，但是不能离开母体。水和空气出了问题，哪里还会有人的生存？大自然伸个腰、打个哈欠，对人类来讲都是了不得的"自然灾害"，环境意识和生态伦理的要义就是从人类中心主义的怪圈里走出来。

"三能"的深绿生活就在乡村，我们需要重估乡土文化的价值，重塑乡土文化的自信，让村民为自己原生态的生活方式骄傲。比如"节俭是最大的环保"，让村民将自己节约的行为转化为环保的时尚；再比如"庄稼是最好的绿化"，不要把城市观念套用在乡村，把庄稼地改造成城市花园；要将"让乡村成为乡村"变成大家的共识，不要用城市的眼光来衡量乡村。我还记得两个亲历的场景，一个是上级要求把原生态的乡村庄稼地变成绿化地，再一个场景是秋收的时候因为迎接检查，干部要求村民把大坝晒的谷子和玉米收起来，把地面扫得一尘不染。而在我们眼里，那满地的谷物就是最美的风景啊！

二、振兴乡村生活，倡行深绿时尚

找回支持中国几千年可持续发展的道德文化，须与今天的现代生活相结合。环境问题是人们对环境不负责的消费方式和生活方式造成的，每个人也可以通过选择与环境友好的生活方式，即"乐和人居"来保护地球。

以前，乡村的绿化工作都是林业部门的事情，因为缺少村社参与的管护，"年年植树不见林"也是常事。而在重庆巫溪县的羊桥村，互助会的乐和代表召集大家募捐买树苗，在村里的公共空间植树。早晨起来，你如果路过新栽的小树苗，会发现每棵新苗都被勤劳的主人浇了水，而这些主人就是周围的乡亲。他们因为组织起来而成了这里的每一株幼苗的主人，小树苗的成活率得以大幅度提高。

在彭州的大坪村和巫溪的大坪村①，沼气是许多农家的主要能源，同时也配置了适应乡村的污水处理系统。尽管这里并不缺水，但是农户们不选择抽水马桶而是选择沼气，既保证了卫生，又避免了粪便造成的水污染，沼液和沼渣还能作为有机肥料。互助会辅助沼气管理，提供沼气管理的技术服务。入户的沼气建设和管理系统将人畜粪便转化成清洁能源，替代过去以烧柴和烧煤为主的燃料方式。加上节柴灶的普及，综合节能减排效果达 60%—80%。

再说垃圾管理这件事，它是日常生活中每天都要处理的事情。记得有一次在一个国家级的论坛上，一位主管农村工作的

---

① 四川重庆一带多山，相对平整的地方常被命名为"大坪"，文中两个乡村同名为"大坪村"。

高层领导对着大会痛心疾首地谈到农村垃圾问题，呼吁大家去想办法解决。之后，我在分论坛上说，其实令人头痛的农村垃圾问题，在乐和家园看来只是一桩小事而已。只要有乐和互助会，这样的小事自然会解决。

乡村垃圾管理问题普遍通过行政加经济的方法来处理，似乎除了政府出钱来雇用专人清扫外别无他法。而这种方式对于不同于城市的广袤的乡村来说，实施起来难度很大，成本很高，而且很难让普通人有参与感和责任感。在乐和家园的试点村，我们尝试着引导互助会轮值打扫，然后把政府给的垃圾清理费用作为奖金。奖金给谁，以什么标准发放，由互助会来商议。当然，这样做的前提是负责发放清洁费的村干部不嫌麻

2016年黔西南州贞丰县布依族对门山村乐和互助会主动参与环境管理

烦，也没有通过指定清洁员来优亲惠友的私心。厨余垃圾对于乡村来说有一个重要的去处，比如说养蚯蚓，改善土质，再就是用来做酵素以增加土壤的肥力，在山东曲阜梨园村和书院村的小农场，还用来喷洒防虫，或者制作酵素手工皂。

乡村的绿色生活不只这些"惜物能"的内容，还有"增体能"和"蓄心能"的内容，在本书的康养部分和文礼部分皆有论述。形成于中国乡村几千年的生态智慧、乡土文脉和自然养生一体的管理系统、知识系统和信仰系统，在工业化、城镇化的过程中受到重创，但还没有完全泯灭，需要我们像抢救濒危物种一样去发现、去激活、去修复、去振兴!

重要的是，我们不要用西医化和工业化的方式去理解环保，比如环保的两个领域——"污染控制"和"生态建设"——完全可以用于自身的生命共同体建设和乡村共同体的建设之中。心灵的污染控制和身体的生态平衡也是生态文明的任务，而把沙粒一样的个体变成有黏性、有情义的土壤，本质上是社会层面的荒漠化治理。

每一个乡村曾经都是一个生命共同体，这种共同体的意识和诉求虽受到现代化的冲击，但还没有最后消失。重庆巫溪杨桥村三社的社长，在被问到乐和好在哪里的时候，他回答说，以前没有搞乐和的时候，每个人只顾自己；现在搞乐和了，大家亲热得好像在一个锅里搅饭吃，咋不好啊？既然这些曾经守望相助的人，需要家人意识和家人社会，既然乡村还残留着孝廉慈俭的传统，我们就要珍惜这样的深绿文脉，保护这些可供城里人"精神脱贫"的财富，让村民意识到这是乡村的价值，并为之自豪。

三、乡村引领城市，走向生态文明

1998年，北京地球村与当时的国家环保总局共同审定出版了《公民环保行为规范》《儿童环保行为规范》，对绿色生活的方方面面做了较为细致的陈述，我是这两本书的主编；2006年，在完成了《乡村长卷》的研究报告和纪录片之后，我又作为主编，撰写了《乡土中国绿色丛书——村民环保读本》，此时更自觉地意识到，城市的绿色生活是比较狭义的，只是停留在生活方式和消费方式层面；而乡村的绿，是立体的、整体的、源头的绿。生态文明的源头和根基是在乡村！乡村引领城市，走向生态文明，这就是中国人为自己，也是为人类提供的未来文明之路！

在这本书里，我谈到了乡村的绿色生产方式和绿色生活方式。除了前面提到的能源、水源、垃圾、土地等话题，还有带手绢，减少用餐巾纸；挎布袋，配合减塑令；尚节俭，绿色餐饮开始少浪费；节用水，节水护清源；认绿标，购物慎选择等，也都在其中。据出版社的工作人员说，这本书计划送到全国的农村图书馆。我不知道会有多少农人读到这本书，但当我在2008年第一次上大坪山，把这本书送给正在废墟上重建家园的村民的时候，当我在2010年回到我的故乡重庆巫溪的时候，当我走进湖南长沙的田园、山东曲阜的村庄的时候，没想到书中许多内容会真的成为生态乡村的现实风景。很庆幸自己能够找到生态文明的源头，而且在完成这本书的两年以后，能有机会参与实际的生态乡村的建设。

乐和之家娃娃团举着"垃圾随便丢，看你羞不羞"的双面宣传牌在村里游走宣传

当然，乐和人居的生活方式只有村民的参与和配合是不够的，它是政府主导的大工程。例如，垃圾分类回收作为一个系统工程，一直是各地试图解决的一个难题，垃圾焚烧和垃圾填埋引起的社会矛盾和环境冲突，是各地政府都面临的严峻问题。如果一个区县的政府有决心，这样的难题也是不难解决的——动员区县的行政资源解决清运回收的难题；通过乐和治理让百姓为乐和人居尽力；引进先进的回收技术建立回收产业，如建立厨余垃圾处理的堆肥和蚯蚓养殖系统，并建立相关的堆肥厂和蚯蚓厂，建立废纸废塑料等回收系统，并建立资源回收再利用的企业，如再生塑料加工厂，引进秸秆制作发酵饲料技术，减少秸秆燃烧的污染和浪费，同时在规划中要保证相应的垃圾分类设施和中转站的建设。可以在乐和治理的社会建设基础上，通过社区社会组织和公益组织推动垃圾分类，以及用塑料袋换肥皂；通过对化学品的安全与环境教育，制定对于有毒有害垃圾的处理条例和公民行为规范；鼓励开发商、制造商和推销商应尽量选用可回收材料；鼓励居民减少使用一次性产品，让在一些大城市流产的"减塑令"在部分区域实施，让人们成为引领时尚的"不塑之客"。

再如生态环境保护和物种保护这样一些区域县域的工作，就更是政府牵头策划实施的工程。比如，可以通过与一些高校合作，开展对县域植物动物进行本地调研，制定恢复本地生物多样性的规划,其中特别要防止外来物种侵扰,防止转基因产品的入侵。自然物种保护包括本地的农作物及其种子管理。原生物种的恢复应该与生态旅游相结合,通过广泛的教育,让人们在保护景观的过程中进行生物多样性保护的尝试,在此基础上建立生态教育基地,并引进开展一系列的绿色行动,比如让本地的干部带头认养生态物种,和村民配合植树护树等。

当地政府还可以实施环境影响评价制度,建立经济开发的环境管理系统。任何工程和重大技术都应该遵循国家环保部关于环境影响的评价制度并保证公民参与。使用科技的人如果割断了与天道的联系,放弃了对人德的追求,科技双刃剑的恶性的一面就有可能被无限放大,人们就可能死于自己创造出来的科技里。旅游开发也应制定专门的管理规则,包括开发者、旅游者、原住民的环保行为规范,按照国际生态旅游标准设立本土的尺度,建立生态旅游指南,经过国际生态旅游组织的认证,成为国际生态旅游的中国样本。

生态环境教育管理中,最为重要的任务之一就是大众的环境教育,应将环境教育、咨询和服务作为社区建设的一项重要任务来实施和考核。可以通过宣传环保栏、招贴画、网站等形式发布政府的环保法规,公众参与环境影响评价,包括规划环评和项目环评等政策、指标等。可以引进专业的环保组织和社会工作者乃至志愿者来实施环境教育和生态安全教育,如节能节水、垃圾分类、化学品安全与环境健康、用自然方法替代化肥农药及土地保护教育等。更基础的工作是通过乐和治理建立乡村层面的环境管理体系,培养基层环保志愿者,让每个村民和市民明确自己的环保责任:关心环境质量、监督环境执法、参与政策建议、选择绿色生活。还可以组织专业人员和义工进行宣讲,用歌曲戏剧去传播,这样不仅能提高村民的环保意识,而且还可培养本村的环保宣传员。

许多乡村保存着自然崇拜的遗迹,比如重庆酉阳红庄村的风水树,是土家族、苗族自然崇拜、祖先崇拜的现世遗存;贵州水族文字写下的"通神明之德,类万物之情"是对神明和万物的礼敬。这种以敬天惜物、乐道尚和为核心的价值系统,维系着中国乡村几千年的生态平衡,也是今天生态文明建设的源头活水,应该从硬件到软件给予鼓励和修复,重建天人合一的信仰系统、知识系统和管理系统。对于"天地水"的古老祭祀仪式,也能够成为生态旅游的体验性活动,提醒人们意识到水、空气、植被、物种的自然价值,了解目前的危机以及与自然重建和谐的方法。这不仅仅是一种旅游开发的策略,更是一种通过传承生态智慧来保护环境的战略。

梁漱溟先生说:"农村社会是中国有形的根,道德文化是中国无形的根。"尊重民间的自然崇拜,就是留住民间的信仰之根、道德之根。道就是宇宙的规则,德就是遵守宇宙规则的态度。如果没有这两个东西,不管是科技还是所有的现代文明,都是会"出轨"的。天道其实和西方人说的信仰一样,可以调节和约束人的妄为的轨迹。你如果不承认这种轨迹的存在,也可以不遵循。但是妄为的后果就是天人分裂、身心分裂、个体分裂,就是现在的各种危机。修复对自然的崇拜,重建与自然的情感,是环境保护的治本之策,也是人类能够获得智慧、健康和心灵快乐的归本之途。

共建生态村　同圆乐和梦

"生态"一词在中英文里的本义都是相互依存、相互连接,生态文明就是互相依存的共同体的文明。通过建立社会共同体、文化共同体、经济共同体、生命共同体和环境共同体，追求和体现大众和万物的共同福祉。生态文明是一种共生的文明，包括社会共治、经济共赢、生命共惜、价值共识、环境共存。

2009年，美国著名的生态经济学家柯布教授曾为我的采访录《东张西望》赐文，题目是"生态文明的希望在中国"。我认同他的观点。生态文明的希望在中国，因为生态文明已成为中国的国家战略，因为中国还有着没有泯灭的以差异互补共生为特质的哲学，因为中国还有着没有消亡的乡村。而在许多发达国家，有农场但没有农村社会，有农业工人但没有农人文化，有农业但没有农艺技能。中国还有乡村，因而还有着未被钢筋水泥全覆盖的生态系统以及没有完全凋敝的乡土文化，还有着建立一个从民居、产业、养生、乡土文化到乡村社会自治的复合生态系统的可能。

回想2012年，我受邀到巴西里约热内卢参加十年一次的联合国可持续发展世界首脑会议；2002年我作为总协调人，率中国草根代表团参加联合国在南非约翰内斯堡举办的世界可持续发展首脑峰会，一切都恍若发生在昨日。今天的世界陷入了更多的纷争和战乱。此时的中国，从高层到基层，从政府到民间，如何扛起生态文明的大旗，探索出生态文明的整体方案和基层实践方式，这事关中华民族的命运，也事关人类的未来。

第五章　用乐和治理

营造生命共惜

第五章 用乐和治理营造生命共惜

城市化和老龄化进程同步，乡村的康养问题也日益显露。以老人、妇女、儿童为主的空巢乡村如何建立居家康养系统？乡村妇女怀胎生子、乡童的健康育养问题如何应对？老农人年老体弱，谁来照料？无法融入城市的农民工因年老体弱返乡以后的养老养病问题如何解决？这些都是单单依靠政府难以解决的问题，需要建立一个患难相随的生命共同体来共同承担。

用中医思维来看，乡村和人体一样，是一个集社会、经济、教育、保健于一体的生态系统，一个个生命体构成的乡村社会是这个系统的支撑，而养育我们的大自然就是这个系统的基石。有生命意识的复苏才有环境意识的复苏，而只有生命共同体形成有机的纽带，个体的生命意识才能真正地复苏，个体的安全和健康也才能得到安顿。乐和康养的特点是把个体生命放到社会系统中，放到一个"家"的制度设计中，通过共治共建共享，实现身体健康、心理健康和环境健康的大健康理想。

第一节
关注乡村养老

中国人的人生哲学讲的是如何"安身立命",家国是安身之处,天地是立命之所。在中国古老的乡村,个人在五伦大道、守望相助和敬天惜物中获得安全感、归属感和归宿感。"大健康"作为对生命的全程、全长、全息的关照,来自家庭,也来自家族和乡村。婚丧嫁娶、生老病死不仅是自家的事情,也是乡邻乡亲关心和帮忙的事情。在很多村里都有"红白喜事会"这样的组织,乡贤张罗、乡亲参与。"老吾老以及人之老,幼吾幼以及人之幼"对他们不是经典而是生活。我曾看到自己祖先的墓碑上有一段墓志铭,记载这位逝去的老人如何耕田育儿、捐钱、建桥、修路,"地方公益事业,莫不参与"。他的叔伯兄弟还是村里清明会的召集人。那时,村里有几亩公田,大家义务出工,公田卖米赚到的钱用于清明节祭祖济困等村里的公益事业。我由此明白了,古老乡村守望相助的文化是靠基层的家人社会来维系的。

当社会分裂成原子化的沙粒般的个人的时候,个人失去的不只是安全感，还有那血肉般的亲情和爱，生命意识也因此而萎缩。传统的公序良俗被破坏后，还有没有可能重建？乐和家园建设的过程不断地给我们做出肯定的回答。

一、激活乡村良俗，激发乡土公益

在乐和乡村，最让人感动的是由社会建设所激活的乡村公益。乐和家园的互助会和联席会成员，绝大多数是老人，因为要照顾孙辈，照顾自己，有一些也对公共事务不甚关心。但是被乐和理念的家人意识激活，被家人社会赋权赋能后，许多人就变成了乡贤。他们走出家门参与公共事务，就是最天然、最本真的公益人物，他们带头和带动的就是最真实、最绵长的公益精神。新的家人社会就是在这些公益草根滋养的泥土里生长出来的。

乡村互助会关心的一个重要内容就是乡亲们的健康和生老病死。通过互助会，孤寡老人得到邻居和社工的照应。谁生了重病，一般都能得到邻里的问候乃至捐款，不论多少。村民知道今天我帮你，明天可能你帮我，"我为人人、人人为我"的意识表现为一种乡土的情谊。2012年，重庆巫溪羊桥村一位曾做过爱心爸爸、关爱留守儿童的村民患了重病，联席会专门开了几次会议讨论如何救助，从送医院、轮番看护，直到病逝后的丧事，乃至遗孤的照料，都有联席会的动员协调。

我在大坪山参与灾后重建，是我切身感受乡土社会的开始。每每看到满村的人自带干粮帮忙建房，哪个老人病了，邻里轮番看望，以及哪个老人走了，大家集体治丧，总会被这家人社会的氛围所打动。记得在大坪山参加一位村民的丧事时，我参与了抬棺（有的地方不让妇女抬棺，对我是个例外）。这之前，有一名村干部腰扭伤了，我劝他第二天别去抬棺了。他说那怎么行，这种场合哪能缺席！后来我听说，这样的风俗比法律还厉害，是村民心中的戒律，必须遵守。村里最狠的诅咒就是"死了没人给你抬棺"。如今的乡村，一些古老的良俗依然存在，需要我们去发现、去尊重、去激励，就能找到今天社会道德的源头活水。

二、普及中医常识，完善村医服务

"大健康"基于草根的乡土公益，也基于中医的乡土智慧。在古老的乡村，人们对"科普"是陌生的，然而"医普"却是为人熟悉的日常。在传统社会，乡村就是一个自然的健康管理公司，顺天应时的中医智慧让不少村民本身就成为天然的健康管理师,知道天干地支、阴阳五行的人不在少数。他们知道什么节气该吃什么,感冒了喝碗姜葱汤而不一定要去打吊瓶;知道坐月子不能像西方人那样喝凉水。"当季当地"的所谓食疗概念不需要专家推广,许多一用就灵的偏方土方出自农夫农妇的生活经验。这些传统智慧应该被今天的乡村康养事业所传承和汲取。有的村里本身就有中医、郎中或者时时来村里游走的大夫。20世纪60年代,村里还培养了一批会针灸、推拿及给药开方的乡土医生(赤脚医生)。

十几年前,我带着地球村的伙伴们制作了九个民族十个乡村的"乡村长卷"纪录片,介绍了中国乡村生态智慧、乡土文脉和自然养生三位一体的康养系统,用今天的话可称为"乡村大健康系统"。有一位村里的藏医,他的家就是乡亲们的诊所,屋里摆着许多盛尿的瓶子,他说闻尿可以帮助确诊。他以他的仁心仁术为这个村庄提供着最低价却最优质的医疗,他也因为德行和医术成为这个村庄里最受尊敬的人。我在贵州的乡村调研的时候,还遇到一个苗族村医。我随他到山上采药,对于那些我全然无知的"野草",他如数家珍。他平时给村里人看病很少收钱,乡亲们就送些地里的庄稼货或者自家养的鸡鸭鱼给他。同时,他还兼任村里的健康普及师,告诉乡亲们顺天应时少生病的常识和处理头疼脑热的中药药方。但是,随着村里青壮年离乡打工,村里人越来越少,村子周围的山岭也因为承包出去而很难采药了，他也准备进城打工。

今天的乡村，需要在建立诊所的同时培养村医，尤其是价格低、疗效好的中医。数字化的技术平台为乡村诊所或卫生室的建设以及村民的就医创造了方便，这样的医疗平台也应该为中医常识的普及和乡土医生的培养留出空间，让村民享受信息化的医疗服务以及低成本的中医服务。家人社会让医患之间建立家人般的关系，保证严格的管理规则和道德规范，同时依靠乡村中药材种植的优势，每一个乡村诊所都可以建立中药百草园，与农田水溪一起构成乡村独有的乐和养生系统，还可以将本地的医疗养生与旅游相结合。这些村医站点由村支两委与卫生部门管理，村支两委同时负责政府卫生部门和体育部门有关政策的落地执行。村民互助会协同组织村民开展康养活动，社工组织、公益机构带来有关的社会资源，提供健康讲座等服务。

乐和家园的建设给曾经是分散的个体以新的希望，也促进了政府关于农村合作医疗工作的有效进行。巫溪大坪村委会以前动员村民为合作医疗交款总是很困难，乐和家园开展以后，村委会很快就收齐了合作医疗款，因为大家对乡村共同体有了一种一家人的认同、一家人的期待和一家人的温暖。生老病死总是难免的，个体生命总要消逝，但是有了这个共同体，生命就有了一份温润和寄托，一种幸福和光彩。

2015年长沙县江背镇五福村乐和乡村运动会

三、建立互助基金，倡导生命共惜

在重庆巫溪羊桥村的一角，贴着一封感谢信，这是六社一位身患绝症的村民为向他捐助了16000余元的乡亲们表达的谢意。羊桥村开展乐和家园活动以来，好像建立了一个大家庭，把以前看起来彼此无关的人变成了一家人。参加了捐款的村民王定五说："我们村里有个杜发明，得了尿毒症，家境很贫寒，自己无法承担昂贵的医药费。我们六社的乐和协会会长张宗轩在院坝谈起这件事情，说要为杜发明搞一次募捐。但是，一个社的力量太小了,每个社我们都去做动员。羊桥村每家每户都有这个同情心,有这个爱心,每家每户都捐了款的。从跑募捐的过程中,我们看到整个羊桥村的村民受乐和家园的影响,思想得到了很大的改观。"

这个在大城市的慈善晚会上常常看到的一幕,也呈现在乐和家园的三宝村。村民舒合荣因车祸伤了别人而陷入沉重的债务,在走投无路几乎绝望的时候,村民们向他伸出了温暖的手,全村捐了5万多元帮他暂渡难关。

乐和家园的共治机制让整个乡村有了家的感觉,让大家患难相随、生命共惜。目前,人们在考虑如何用乐和经济所产生利润的一部分为村民购买医疗保险,创造一种新型的保险形式。村民除了社会的医保,还有共同体所提供的基金,以乡村共同体来抵御个体难以支撑的生命风险。考虑到一些乡村的经济情况并不乐观,政府的支持能力有限,一个有了家人社会建制,有了公序良俗的乡村,渴望获得来自社会慈善、民间公益的助力,尤其是从本村本土走出去的游子们的支持。浙江永和就有一个鲜活的案例。

浙江绍兴上虞区永和镇项家村是地处余姚与上虞交界处的一个偏远村庄。该自然村被东西走向的马路分割成为两个部分,一共230余户。原来村内到处是垃圾,村庄矛盾众多,村中的公共空间极为匮乏。在乐和家园项目开始时,村内几乎没有集体文化娱乐活动，妇女也没有跳舞的活动。经过调研发现，该村是一个典型的"民富村穷"型的农村。村里60岁以上的人口占总人口的26.3%，老人因病致困致贫的情况较为普遍。如何激发农民提供资金和人才资源，为自己提供公共服务，是这个村子的难题。一位从这个村子里走出去的企业家每年年底给村里老人发五六百元不等的"养老金"，反而激发了不少老人的不公平感。敦和基金会引进了乐和家园项目以后，探索了一种新的基于社会建设的支持模式，情况发生了改变。

在乐和社工的建议和辅助下，由村委会支持互助会建立专项养老基金。社工仿照网上基金管理的章程，帮助村民形成了草案和框架。随后在一个月内，社工协助互助会召开了近10次会议，引导村民就框架的每一部分进行讨论，最终形成了章程草案，大家给互助基金取名叫"项家村慈善基金"。

有了章程，谁来按照这套机制管理基金呢？这需要帮助村民成立一个基金管理的班子，于是又开始了基金管理机构的设置。经投票，大家选举了由7人组成的慈善基金理事会。经过社工们和理事会讨论，确定借助中秋节活动发起劝募。2016年9月15日，中秋节活动暨项家村慈善基金劝募大会举行，成功劝募了3万多元爱心基金，并第一时间公示了资金捐赠明细，此后又多次召开会议，确定基金用于大病救助的办法细则和审批流程。

2016年中秋节，项家村村民为慈善基金踊跃捐款

从 2016 年中秋节成立至今，项家村慈善基金已经运行了五个年头。五年中村庄为村民累积捐赠 17 万多元，敦和基金会配套资金 30 余万元。截至 2021 年 8 月底，项家村慈善基金共救助了 78 户人家，共使用基金 20.3 万元。

乐和家园建设在提高发展能力的时候，不忘发展的目的，那就是基于生命健康的百姓福祉。不少村民贫困的原因是生病，通过村社组织提供生命教育、食品安全和各种健身活动来防病，本身也是民生的重要内容。治未病，相对于治已病来说，是成本最低的民生服务。

四、开展互助乡厨，助力乡村养老

近年来，国家出台了多项政策，积极推动农村养老服务发展。在中央农村工作领导小组办公室提出的《乡村振兴战略规划（2018—2022年）》中，强调要通过邻里互助、亲友相助、志愿服务等模式，大力发展农村互助养老服务。

乐和家园的互助养老餐于2017年在山东曲阜书院村试行。经过两年的实践和提炼，以及乐和公益基金会的参与，2019年在四川彭州大坪村、重庆南岸区峡口镇的乐和谷、重庆酉阳县的小岗村相继启动了"互助乡厨"项目。"互助乡厨"旨在探索可持续的乡村互助养老模式，是一种回望乡村、回报乡村、回归乡村的方式，是城市志愿者进入乡村的"第一站"。

互助乡厨依托二十四节气做邻里互助养老餐，餐费主要由老人的子女提供，以表达孝亲之心，公益基金会提供对以厨娘为主的乡村义工的综合培训，乡村互助组织以及城市志愿者提供餐食的制作和服务，以捐时间、捐物资、捐智慧等方式参与其中。互助乡厨的意义在于：

1. 缓解农村养老压力

继政府的托底性"敬老院"以及城市社区的经营性"养老

院"之外,互助乡厨为农村的老龄化社会探索了一个基于本土互助的养老模式。针对农村普遍存在的老人孤单、缺乏互助、饮食单一等问题,由低龄老人做义工,为高龄老人做互助午餐,满足了老年人社会交往、文化娱乐以及改善伙食的普遍需求。基于熟人社会的互助,儿女为老人出"预缴费",基金会给予人员培训方面的支持,养老敬老的成本大大降低了。

2. 推动乡土文化复兴

互助乡厨解决的是老人的营养问题和孤独问题。定期让老人聚在一起吃顿饭,并不是互助乡厨的全部目的,更重要的是应对老人们的孤独感、无助感、无价值感的精神问题。

首先,互助乡厨以孝道文化敦厚亲情。餐食的食材成本费用,是由老人的子女提前缴纳的。如果是孤寡老人、残疾人,其费用由公益项目支持或者本地捐助。通过公告栏、微信公众平台等方式宣传尊老孝亲的典型案例,树立敬老孝亲的村风,进而感召村民敬老行孝。

其次,互助乡厨以互助文化淳化乡情。优秀传统文化在农村的复兴关键在回归家庭孝道、回归邻里情谊,方式上如何以村风带家风,以家风促村风,方法上的要点在以行感人而非以教说人。互助乡厨本着"老吾老以及人之老"的精神,激活农村的互助文化,凝聚邻里感情,它是有着文化内涵的社会建设。大家动手、互帮互助,不仅调动了村民们的主动参与热情,而且重塑了乡土社会中的守望相助的精神。

最后,互助乡厨以节气文化化解乡愁。互助乡厨的就餐时间,通常情况下会与二十四节气相吻合。节气文化也是中国人的养生健康文化,不同的节气要吃不同的食物,使用不同的健康养生方法。这些内容有机嵌入每一场互助乡厨,使得优秀而古老的传统,在新时代被不断提起,从而有机会让子孙后代继续重视和传承下去。

2021 年四川彭州凤坪村的互助乡厨敬老餐

3. 助力乡村基层治理

互助餐是"上情下达、下情上达"的最好时机,饭前饭后都是议论乡村公共事务的机会。较之正式的会议,互助餐是一种生活化的补充,解决了开会不容易召集人员的难题。更重要的是,互助餐为村镇党员干部找到了一个常态化、生活化的密切联系群众的途径。另外,借助老人们聚在一起的机会,引导老人们关心公共事务,党员干部也可借此机会融入群众,倾听老人们的心声,关心老人们的诉求和疾苦,收集老人们的建议与意见。

互助乡厨需要多方协力。村支两委安排村委班子专人跟进互助乡厨,协助互助会选址并建设互助养老活动中心的硬件,动员党员干部带头做互助乡厨义工,表彰提供服务的义工等;互助会负责对老人家庭进行动员,协调互助乡厨活动场地相关准备工作;义工队负责收取餐费,轮流为老人做节气餐,订立互助养老活动中心章程,管理互助乡厨账目,讨论建立互助乡厨管理制度,对账务进行定期公示;社工组织提供互助乡厨培训,编辑互助乡厨操作手册,链接城市资源到乡村参与互助乡厨,挖掘孝亲敬老典范,传播典型案例等,使得乡村养老成为一种特殊的公共服务。整个协作过程充分体现了互助乡厨的共建、共享、共治属性。

4. 推动城乡良性互动

每个村庄都会有一部分人走出去，成为社会地位、经济能力更好的成功群体。互助乡厨为从本村本地走出去的成功群体提供了一个非常有意义和价值的回报家乡的机会。他们可以为互助乡厨捐款捐物，通过各种方式关心支持互助乡厨。

2022年重庆峡口镇乐和谷互助乡厨，城市志愿者和老人牵手互动，老人获得极大的精神抚慰

互助餐是一个媒介，融耕、读、居、养、礼、乐这"新六艺"为一体，弘扬孝亲敬老、互帮互助的传统文化。六艺课程

可以转化为由城市买单的产品,让城市反哺乡村的同时得到乡村的滋养。我们主动进行城市资源对接,不仅是寻求公益捐赠,更重要的是以此为契机,释放乡村生活的吸引力,为城乡携手的共享农园创造条件。

互助乡厨把村庄的老人聚到一起。在饭桌上,老人们可以拉家常、讨论村庄公共事务、参与文化活动,从而感受到社会的温暖、政府的关心、子女的孝心,甚至重新找到自己的价值。对于城里人来说,乡村生活是贴近生命本真的回归,也是滋养生活的时尚。他们可以从支持、参与一餐互助乡厨开始,重拾耕、读、居、养、礼、乐的六艺产品,找到那藏在乡土里的新的业态与商机,也找到那长在乡村里的诗和远方。

第二节
关爱乡村儿童

在中国的许多乡村，由于城乡分割的二元制社会结构体制和自身经济条件等诸多因素的制约，大部分农民外出务工，把自己的孩子留在了农村，产生了数量庞大的留守儿童群体。乡村社会的空巢化和碎片化，使得留守儿童放学回家后既缺少父母的关爱，也缺少乡村社会的照顾和教育。既有的解决方案大多集中于物质的帮扶，并且大多集中于学校层面或者一对一济困助学，结果是依然有一些留守儿童因为孤立无援而陷于困境甚至选择自杀。

如何解决留守儿童的生活陪伴问题、精神陪伴问题、学业陪读问题、人格培养问题、能力培训问题？2010 年以来，乐和家园的同人们用家一样的亲情营造家一样的社会，探索出一种行之有效的留守儿童关爱模式。

整个过程，从乐和家园的整体建设到乐和之家的留守儿童关爱，从儿童服务拓宽到留守妇女和留守老人，从社工直接服务留守儿童到村工妈妈服务留守儿童，充分激发了乡村"相与情义厚、向上之心强"的精神。多年以后，当初的留守儿童读了高中，上了大学，他们主动成为志愿者，服务自己的家乡。自立、互助、公益的乐和种子，已经在浓浓乡情的浸润下，在乡童心中生根、发芽！

一、从乐和家园到乐和之家

重庆巫溪县在开展乐和家园建设期间，探索了一种立足农村社区、着眼社会管理、引进社工服务的社会创新模式，通过建立家一样的社会管理，来破解留守儿童难题：建立协调组，保证党政统筹督导，解决学校和社区脱节的难题；引进社工队提供专职服务，解决乡村公共服务人力不足的难题；成立互助组，结爱心对子，解决乡亲淡漠、邻家孩子无人过问的难题；建立娃娃团，让孩子有自己的社会空间，解决孩子放学以后分散孤独的难题；建立联席会，使留守儿童管理组织化，解决乡村社会管理涣散的难题；组织亲友团，设立留守基金，各方共管合理使用，解决社会慈善资源与村社管理断层的难题；办好活动站，为留守儿童提供乡村活动空间和精神营养，解决村级活动站功能不足的难题；搭建生计桥，为爱心爸妈解后顾之忧，解决公益行为与经济效益脱节的难题。

2011年巫溪县羊桥村留守儿童与村里的爱心妈妈们联欢时演唱《妈妈的吻》

巫溪的经验受到了中央统战部的关注。2013年5月，中国光彩事业基金会、重庆市光彩事业促进会和北京地球村共同实施了"光彩爱心家园—乐和之家"项目。项目第一阶段的工作在重庆酉阳、巫溪、黔江3个县（区）的10个村开展，每个村有3个社工驻村服务，持续3年时间。这一阶段以留守儿童关爱为工作重点，通过党政统筹、学校配合、社会参与、社工服务的公益模式，从个案、小组、学校、社区、工地"五点"对孩子进行情感陪护、学业陪读、人格培养、能力培训、生活陪伴等"五面"的关爱。

经过3年的实施，项目直接服务3000个留守儿童及其家庭，在留守老人、留守妇女、社区社会组织等工作上也卓有成效，在所有试点村营造了家一样的氛围，为留守儿童成长创造了良好的环境。与此同时，社工的服务精神、公益精神，也在很大程度上影响了当地政府、村支两委、村民骨干。第一阶段工作2016年结束，社工撤离乡村的时候，出现了村民鸣放鞭炮、列队含泪相送的感人场景。

这一阶段项目的重点是留守儿童，它不同于其他留守儿童项目单纯只做孩子的工作，而是从学校、家庭、社区多方面入手，为留守儿童营造家一样的成长环境，寻找妈妈一样的"重要他人"，取得了良好的关爱效果，备受村民和当地政府称赞，"五点""五面"也成为一种具有良好借鉴意义的留守儿童关爱模式。

2013年5月，光彩爱心家园—乐和之家项目在巫溪启动

2016年5月,我们在北京召开了留守儿童关爱模式主题研讨会暨光彩爱心家园—乐和之家试点项目总结会,发布了"光彩爱心家园—乐和之家项目报告""留守儿童服务手册·理论篇""留守儿童服务手册·案例篇"三个沉甸甸的项目成果。

社工撤离项目点前,在10个村选拔出20个留守妇女,称为"村工妈妈",引导其继续开展留守儿童中"失母儿童"(其母亲以各种原因离开的孩子)的关爱工作,以1年为期,有计划、有组织、有记录地服务了近100个孩子。项目第二阶段以乡村经济为工作重点,是第一阶段工作的深化,目前仍在继续。

两个阶段的工作,都没有仅就留守儿童解决留守儿童问题,而是用中医的思维,致力于留守儿童所生活的环境的改善,让乡村像家一样温暖,让学校更注重孩子的心理感受,让孩子的同辈小社会能够互帮互助,让邻家的妈妈站出来给予邻家孩子以温暖,为远在千里之外的打工父母创造与孩子沟通的机会,为村庄发展出谋划策以方便年轻人回流。

总之,从乐和家园到乐和之家,与其说是项目的需要,不如说是项目的必然。乐和家园建设可以激发村庄原本就有的守望相助的情谊,可以修复被现代化撕碎的人与人之间的隔膜。留守儿童缺乏陪伴,缺乏安全有爱的成长环境。父母不在身边,乡里乡亲,邻家妈妈,也是爱和支持的来源。

二、从家庭孤岛到家人社会

乐和之家项目的特点在于其整体思维下的综合方案。本来似乎只是关爱留守儿童的单向项目，被设计成一个通过家人社会建设，破解留守儿童难题的综合方案。社会共治、责任共担、利益共享的家人社会分担了关爱乡村儿童特别是乡村留守儿童的任务：村支两委负责统筹协调；乐和互助会负责组织爱心妈妈，引导邻家的妈妈照顾邻家的娃娃，包括洗衣、做饭、辅助功课、陪伴、接送上学等；社工提供专业服务和培训，把留守儿童组织成娃娃团，并为爱心妈妈们搭建诸如手艺和旅游市场等生计平台。乐和之家项目通过"五点五面"的关爱，让留守儿童不再处于孤岛，而是进入了同济互帮的家人社会。

关爱的维度是立体的。个案、小组、社区、学校、工地的"五点"，是我们的服务空间。对孩子进行一对一陪护，组织娃娃团和兴趣小组，在社区开展活动，在学校授课，连接手机资源创造"亲情对话"的机会，织就了一个关爱的暖网。

关爱的机制是综合的。我们将政府的公共服务、社会组织的公益服务和农村社区的自我服务融为一体。政府的行政力量与公益组织的社会力量在这里汇合，共同激发着乡村的内力。同时，互助会、爱心妈妈以及乡亲乡邻逐渐激活着社区的自我

2015年酉阳县楠木桩村的老人在表演薅草锣鼓。村内众多留守老人在公共活动中被激发,成为关爱留守儿童不可或缺的力量

服务能力,激活着守望相助的乡村社会和乡土文化。

关爱的方法是专业的。一次次的培训,让社工们学习和运用专业的心理学方法、社会工作方法以及体验教育的方法;持续不断的团队建设,让乐和之家也成为社工之家;日志、周记、月报、案例、年总结则成为社工们自律、共学、同修的日常,信息数据经汇总后成为"乐和云家"。

关爱的内容是整体的。学业陪读、情感陪护、能力培训、生活陪伴、人格培养的"五面"关爱,为留守儿童成长提供必备的营养。孩子们学习的成绩、生活的自理、做人的道德、能力的提高、情感的交流,诠释着陪伴性公益的深意,突破了物质性慈善的藩篱。

在这个关爱模式下,不仅能看到孩子的进步和乡村的变化,还能看到社工的成长。社工在服务的过程中,也逐渐成了村庄的一员。他们和村庄一起,守护着留守儿童的成长。

三、从娃娃团到志愿者

家乡没有就业机会,年轻人回不来。孩子的陪伴、陪护、培养又不可或缺。社工基于项目,在村庄的工作是阶段性的。项目结束,社工走了,留守儿童该怎么办?不少妇女看到,年轻的社工都在关爱孩子,而自己就住在邻家,就住在村里,更应该做一些力所能及的事。于是,社工因势利导,引导这些"不独亲其亲,不独子其子"的邻家妈妈与留守儿童结对子,让她们成为"爱心妈妈",在孩子的学业、生活、情感等方面给予帮助。

这些爱心妈妈,自己家往往有2—3个孩子,还愿意帮助邻家的孩子,究其原因在于,她们能从中获得价值感。这些爱心妈妈文化水平普遍不高,有不少都是小学毕业。她们没有外出打工,而是选择留在村里,其实在大众意义上是比较失败的。但是她通过做公益,获得社工的认可,获得村民的点赞,获得留守儿童父母的感谢，获得媒体的宣传，她们的公益心就这样被点燃了。

项目结束后，这些爱心妈妈依然会作为村里的志愿者，分担社区的公共事务。有些爱心妈妈甚至进入了村委会，在更大的范围内发挥自己的价值。

除了社会的关爱，孩子们彼此之间的关爱也是不可或缺的。乐和之家的社工把自然村层面的孩子，特别是留守儿童组织起来，形成一个由社工辅导，孩子自我管理、自我教育的互助团。在学校层面，社工则组织丰富多彩的兴趣小组，开展多种多样的活动，寓教于乐。娃娃团其实是孩子之间的小社会，大的带小的玩耍，照顾小孩子的安全，学习好的辅导学习差的，带动周围几个、十几个孩子一起长大，让留守儿童在朋辈群体中找到温暖。

建立娃娃团包括如下步骤：调研，入村或进校了解留守儿童情况，建立留守儿童档案；寻找孩子王，通过走访和了解，大致选定积极健康、热情向上的孩子，与其沟通做娃娃团团长的事；组团，建立娃娃团，引导孩子们自荐或者他荐，选出团长和副团长，根据孩子的数量确定娃娃团是在行政村还是在自然村组建；组织活动，成立娃娃团当天，最好能开展一次活动，以引导团长担负相应的责任，让孩子感受到自己处在一个团队中，熟悉管理架构。

社工通过比赛的方式,聚集了全村的留守儿童背诵《弟子规》,孩子比学赶帮,村民交口称赞

通常一个娃娃团有 8—20 个孩子不等,设团长 1 名,副团长 1—2 名,主要负责联系和召集本小组的娃娃团成员。根据娃娃团活动的需要另设各种职务岗位,如清洁卫生员、物品管理员、安全员、主持人、计时员等。娃娃团的各项规章制度,均由娃娃团自己通过会议确定,社工在过程中只起辅导作用。

每个娃娃团,都可以有自己的旗帜、团歌。社工会引导开展不同娃娃团之间的比赛,以此增强团队的凝聚力,增强团队协作。

据不完全统计，2013—2016 年，乐和之家项目 10 个试点区域共建立了 54 个娃娃团，开展了爱国教育、趣味体育比赛、农艺活动、节日活动、手工活动、户外活动、阅读项目、环保公益活动等近 1000 次活动，极大地丰富了留守儿童的生活。

2013 年 7 月 20 日，重庆酉阳楠木桩娃娃团成立，后拆分成上寨、中寨、下寨娃娃团。8 月 3 日，社工将娃娃团分成两队，每队由一位"孩子王"做队长，按照两条线路进行捡垃圾比赛。同样的时间内，捡垃圾重量和数量多的获胜，胜者得一个大西瓜，输了的队伍得一个小西瓜。在这样的活动中，孩子们玩得不亦乐乎。垃圾事关团队荣誉，简直成了"宝贝"。由于没有提前准备秤，最后究竟哪队的垃圾更重，不好评判。正好一个村民路过，他找了一根棒子，把垃圾挑在两头，即兴做了一个简易秤，勉强决断了胜负。

胜利的队伍喜不自禁，切开赢来的大西瓜，竟然是一个坏瓜，可把输掉的队伍给乐坏了。这就是娃娃，胜负不重要，重要的是在团队竞赛中，美化了环境，得到了欢乐。

楠木桩的娃娃团还自制宣传标牌，在比赛现场敲锣打鼓做环保宣传。"垃圾随便丢，问你羞不羞"几个大字，让大人看红了脸。三个娃娃团进行《弟子规》背诵比赛，每队必须找到 11 个人参赛，否则会扣分。孩子们非常认真，人数不够，生拉硬拽地把平时不爱参加集体活动的"孤僻小子"都拉来了。这个

"孤僻小子"，是有自闭倾向的，但也在活动中被动地融入了团队，这是意外的收获。

纸飞机比赛、拔河比赛、野炊比赛、爬山比赛、数风水树比赛……生动活泼的娃娃团活动，让村庄热闹起来，让孤独不复存在。

娃娃团的乡童在社工的陪伴下成长

乐和之家用家一样的亲情营造家一样的社会，娃娃团的小社会，作用大到超乎想象。说守望相助，其实最懂孩子的，难道不是孩子自己吗？所以，娃娃团的工作，就是一个从团队入手，作用于个案的极佳手段。

有趣的是，7年之后，当初的娃娃们，有些已经高中毕业，有些读了大学。他们有些参加了大学的义工团队，有些回到村里做志愿者，帮助年纪小的孩子。当初被关爱的娃娃，如今成了关爱他人的青年志愿者。这让我想起在项目最初，社工教娃娃团手语歌《让爱传出去》，唱"让爱传出去，它像阳光温暖我和你……"的场景。这么多年以后，从娃娃到志愿者，我相信，爱真的传出去了。

第三节

关心乡村妇女

由于主要劳动力外出务工,乡村由"386199"部队留守。由于妇女群体是年轻人,因此承担着更多责任。从某种程度来说,在一些外出务工大省,村庄是由村妇坚守的。在多年的乡村一线工作中,我和我的团队接触了许多女村工、女乡贤,这让我们对于乡村妇女的美德连同她们的难处和诉求有了一定的了解。她们需要的不仅是大健康教育服务,更重要的是在家人社会中得到主体性的尊重、主动性的激发以及自身能力建设。

一、从留守妇女到村工妈妈

"妈妈,你可不可以不走?""你一个人在外苦不苦?""我要为你筑一条回家的路""有你的地方才幸福""不要让你的孩子独自守候"……一声声呼唤牵动着台下观众的心。这是社工根据真实故事编写,由真实演员出演的戏剧。两位主角登场,是留守儿童向虎和他的爱心妈妈陈桂贤。

重庆巫溪水田村有一个 14 岁的 5 年级学生向虎。他的家庭条件十分贫困，父亲在长沙挖隧道，多年在外没有音信，也没有给家里寄过一分钱。母亲在向虎一岁时就改嫁了，从此再也没有回来过，向虎的生活只能依靠年迈的爷爷奶奶种地维持。由于向虎经常逃学，3 年级还被留级。就在社工去学校了解留守儿童情况的前一天，向虎偷了奶奶一个月的低保 300 元钱，去网吧玩游戏夜不归宿，一个晚上就花掉了一大半，还不承认错误。奶奶一气之下找到学校班主任刘老师。刘老师对这个调皮的孩子也只能进行说服教育，但是学生在校外发生的情况，她也力不从心。

根据向虎的情况，我们和村支两委、互助会代表开会讨论，选定由一位叫陈桂贤的妇女做向虎的爱心妈妈。从此，陈大姐走进向虎的生活，帮他洗衣服、做饭，打电话给学校老师，关心他的学习，让他感受有妈妈照顾的生活。这是向虎懂事以来第一次感受到妈妈的温暖。放学回家后，向虎会去陈妈妈家，偶尔还会住上一天。向虎把自己的心情用日记的形式写出来，日记记录着他的喜怒哀乐，写出了他对爱心妈妈、社工及学校的感激，也记录了他对父母的想念。

向虎后来期末考试成绩进步明显，进入了学校的前 15 名，还荣获了"双优生"的称号。2012 年，向虎获得中国少年儿童文化基金会、关爱农村留守儿童专项基金管理委员会等机构颁发的全国"十大自强奋进留守儿童"称号。

向虎（左四）和爱心妈妈的故事在小剧场里演出

在众多人的帮助下，少年向虎茁壮成长。自从 2013 年爷爷去世后，向虎利用假期时间在巫溪县城一家餐馆打工，帮大厨洗菜、切菜，每月 1400 元工资，够他半学期的午饭钱。

向虎的变化令人欣慰，他只是我们关爱的 3000 个留守儿童中的一员，陈桂贤则是我们引导的上百个"爱心妈妈"中的一员。

在巫溪菱角乡的 3 个村，我们在乐和之家项目执行期间结成 75 个爱心对子。爱心妈妈在爱心对子的档案表中亲笔写下自己的爱心承诺。村委会为了激励爱心妈妈,还为每个爱心妈妈发了一个日记本、一盒牛奶、一个暖水壶。在重庆黔江小南海后坝,很多爱心妈妈都结了两个爱心对子,她们平时做的事情远远超过社工要求的;其他村的爱心妈妈,端午节给孩子缝制香包,给女孩子去虱子,教孩子洗衣服、叠被子,辅导孩子写作业,监护他们的安全,叫他们到家里吃饭,让这些孩子感受到来自社区的关爱。爱是没有边界的,同济互帮、相与之情,在爱心妈妈的行动中得以彰显。

项目告一段落,社工陆续撤离项目点后,10个项目点共有20位爱心妈妈,加入"村工妈妈行动"。村工妈妈是定期家访失亲儿童,对村里的失亲孩子日常情感需求、心理需求给予回应的人。凡村庄中有公益心、喜欢孩子并有带孩子经验,性格温和,在村里口碑好,有一定空闲时间,会使用智能手机,小学毕业以上文化程度的女性村民,都可以申请成为村工妈妈。

村工妈妈做的工作包括档案登记、入户家访、问题反馈及月度资料汇总、寒暑假组织团体活动等。村工妈妈领取每个孩子每月50元的津贴,其工作指标和绩效主要按照其家访次数、团体活动次数、聊天互动次数、问题反馈、失亲留守儿童个人问卷调查反馈来衡量。

村工妈妈的服务周期是一年,部分村工妈妈在停止发放津贴之后依然持续服务了一段时间。村工妈妈关爱失亲儿童这种

2015年酉阳县楠木桩村妇女与留守儿童爱心对子对对碰

行为,本身就是对留守妇女的一种教育。酉阳的一位村工妈妈,在服务日记里这样写道:

我也加入过打工的行列,对过往的境况心中有许多的遗憾,多少分分离离的场景,至今都记忆犹新。所以我不再想有那么多的困惑和遗憾,因此我要做一名优秀的村工妈妈。我们想要村庄的孩子们更好,因为孩子们好了,我们的村庄才会更好。

酉阳有三个"乐和之家"的项目试点,一共有7位村工妈妈。我想,她们最初的目的应该都跟我一样,是想给留守(失亲）儿童更多的温暖和帮助，盼着他们能够健康快乐地成长，在成长的路上没有遗憾。

作为村工的我，在关爱老人和儿童这方面，在村里帮助互助会成立了老人活动室，老人们在闲暇时可以聚起来，一起看电视、喝茶和聊天；帮助村里留守儿童成立了娃娃团活动室，儿童可以在里面开展写毛笔字、剪纸、折花、拼豆等多种形式的活动。

社工虽然走了，但是作为村工的我们，对留守儿童可以给予精神上的支持和生活上的帮助。我相信，我们可以鼓励他们，让他们自信、自立；我们可以在生活中协助他们搞好个人卫生，养成好的卫生习惯；辅导他们学习，养成互帮互助的习惯。做到这些的话，会让他们像我们自己的孩子一样健康成长。

社工虽然走了，但是我们互助会会继续走下去，把留守儿童和空巢老人的事情继续做下去，把我们自己的乡村建设起来，让孩子们的爸爸妈妈都看到我们村庄的希望，从而从外地回来。

二、从广场舞到禾场舞

2013年，湖南长沙县的乐和乡村建设启动不久，一些乡村妇女的活力就被调动起来。她们除了参与公共事务,也希望改变做饭、带娃、看电视的生活方式,多一些健康有益的活动,比如说广场舞。可是乡村没有广场怎么办呢?农村有晒谷子的地方,村民叫作禾场,在禾场跳舞叫什么舞呢?肯定不能叫广场舞啊。一天晚上,大伙儿商量给这个舞取什么名。"可以叫'禾场舞'吗?"一位农妇羞怯地问。在场的社工和村民一起叫好,于是带着浓浓乡土气息的"禾场舞"就这样诞生了。

2010年,重庆巫溪乐和家园也有类似的故事。原来广场舞似乎是城里人的"专利",乡村妇女尽管蠢蠢欲动,但常常因为羞涩和无人组织而放弃。巫溪大坪村的李俊被推荐为互助会负责人之后,就想把组织乡亲们跳舞作为互助会的工作。她走家串户地动员,先是妇女跳,后来是男女老少都跳起来,使得跳舞成了大坪村的一道风景,既舒展经络又开朗心态。

巴蜀一带的乡村都自带院坝,所以这里的广场舞叫"坝坝舞"。这里的院坝与湖南的禾场一样,都成了健康舞场。总有一些积极分子把自家的院坝空出来,端出茶水,让邻里乡亲跳舞。重庆南岸区乐和谷的坝坝舞有时候还打连箫(一种用竹子、铃铛、铜钱制成的舞蹈道具,根据节奏舞动,发出清脆的声响)。大家把乐和谣编成连箫歌词,词儿记住了,曲儿唱了,舞也跳了,身心的健康都在其中了。而在山东曲阜书院村,在妇女主任的带动下,村民干脆把跳舞和读《论语》结合起来,跳之前读两句"礼之用、和为贵",跳累了休息来两句"德不孤、必有邻"。

重庆酉阳是土家族、苗族自治县,摆手舞是其传统舞蹈。在此之前,村里的妇女也会跳摆手舞,但是种类有限。乐和之家社工到来后,引进了更多摆手舞以及广场舞,刚开始时只教妇女跳舞,后来干脆教会妇女骨干网络搜索和下载舞蹈,引导她们自己找、自己学、自己教。此外,社工还对接老师,教妇女们薅草号子,引导妇女用乐和谣打钱鞭子(与连箫相同,不同地域叫法不同,打法也有差别),整理山歌鼓励妇女们去唱……

就这样,每个黄昏,村里的公共活动场地都有音乐,伴随着音乐的是妇女们动人的舞蹈。以前冷冷清清的村庄,因为坝坝舞变得格外热闹。老人们也参与进来,参与不进来的也愿意坐在一旁观看和拉家常。村庄因为跳舞而有了人气,妇女们因为跳舞而振奋了精神。事实上,乐和家园建设的核心是把人组织起来,组织人的一个敲门砖正是以妇女为主的禾场舞或坝坝舞。

人被最简单易行的舞蹈组织起来后,接下来,养生功法、节气活动、尊老敬老、节日庆典等活动也都相继开展。"我们兴隆的互助会就是跳坝坝舞跳出来的!"小岗兴隆互助会会长吴长秀经常这样说。因为每天都要跳舞,七八十岁的老人不再窝在家里看电视，身体越跳越好，村里的气氛也变了——健康课、太极拳、养生操、坝坝舞、山歌谣等，这些群众健康管理和体育活动不再是村支两委的工作负担，反而成了由互助会妇女骨干组织的乡村生活。

长沙乐和乡村"禾场舞"跳起来

巫溪县的城市社区很早就普及了太极拳和歌舞等群众体育活动，而在2010年秋季，乐和家园的社会共治机制大大提高了试点村的村民参与热情。原来只是靠打牌看电视打发休息时间的村民，现在每天聚在一起跳舞唱歌习拳，冬季还组织腰鼓队、龙狮队，弄得邻村也受了感染，自发地组织类似的活动。元宵节，羊桥村的龙狮队给全县四大班子舞狮拜年，表达感谢。三宝村的丰收杯农民运动会别开生面，农户分组进行篮球比赛、乒乓球比赛等，激发了其他两个试点村的效仿热情……

三、从志愿厨娘到健康管理

由子女出钱，老人聚在一起，吃一餐饭，这种互助养老方式，我们把它叫作"互助乡厨"。在试行互助乡厨的几个乡村，挑大梁的都是互助会的厨娘志愿者。

山东曲阜书院村招募志愿厨娘的通知是这样写的："积极参与为老年人奉献互助餐的妇女叫'美厨娘'。参与美厨娘队伍需要身体健康身体美、厨艺优良厨艺美、家庭和睦人品美。美厨娘的主要工作职责是买菜省钱、做饭美味、厨房整洁、服务和善。美厨娘主要通过自我报名、他人推荐和互助会讨论选择。美厨娘做饭时要穿好护衣，戴好帽子和口罩。"通知发出后，本村本土的妇女，两人一组给村里老人每周一次轮值做饭。

项目设计中有微薄劳务，但却没人领取。我曾问过其中一位美厨娘："你们这么辛苦，干吗不要劳务啊？"她说："给咱村老人做饭，就像给自家老人做饭一样，要啥钱啊！"她们不会说"老吾老以及人之老"，但"给咱村老人做饭，就像给自家老人做饭一样"就是志愿精神的根。

感动之余，我与同人们也在探索，如何充分发挥乡村妇女在家人社会大健康管理中的作用，如何建言政府给予乡村妇女更多的政策鼓励与财政支持。大健康不仅是身体健康的概念，还包括环境健康和心灵健康。农村妇女是非常关键的人群，她们扛着养老、育儿的重任，其健康质量影响着自己的丈夫、孩子和老人，也影响着整个村庄的健康质量。

参与互助乡厨的美厨娘，其实承担了老人的健康管理责任。不同的节气，食材怎么选择，饮食怎么搭配，这些内容都是美厨娘要去思考和实践的。此外，对老人健康情况的了解和关照，以及为行走不便的老人送餐，都可以是厨娘们的工作内容。

对美厨娘相应的培训也需跟进。可以由政府部门或者基金会提供相关的课程知识，更深入的就是支持乡村健康管理岗位，培养兼职的甚至专职的巾帼人才。浙江上虞项家村开展互助午餐活动以来，确定了村里两位50多岁的农妇进入公益岗位，村里的慈善基金给予每人每月一定的补贴。这两位农妇的主要职责是给老人准备餐食，以及送餐、义务理发、看望困境老人、酷夏遮凉以及提供与村里老人健康管理相关的基础性养老服务。经过5年多时间，两位妇女已经成长为有丰富服务经验的村工。

而在没有慈善基金的村子，则通过社会层面的公益基金会提供厨娘培训和每餐饭少额的津贴,还有的地方正在考虑从收取的餐费里提取小额津贴给厨娘。这些不多的津贴不是市场意义的工钱,而是培养本村健康管理与服务的妇女人才的一种方式。

2021年12月7日,在四川成都凤坪村互助乡厨乡村养老项目表彰大会上,6位厨娘由于积极服务获得表彰

此外,妇女不仅主持和参与家庭健康管理,还能让这些健康生活成为乡村旅游中的产品。乐和舞,男女老少不用学就可以参与其中;一分钟养生操、伸展操、呼吸法、冥想术、拍打功,简单易行;滚铁环、跳皮筋、踢毽子、跳房子等有乡土气息的活动,让人们在童年游戏中返璞归真;"农具秀"把种地的农具走秀式地展演出来,让人们知道麦子生长的经历和农人的劳作;"黄豆的故事"展现乐和社工和村民一起种生态黄豆时发生的感人故事;"母亲的故事"则根据村里真人真事改编,讲述婆

媳矛盾化解的故事。这些外来客人可以欣赏、参与和买单的"产品",多数由村里妇女操持。

2010年,我曾以"大坪村廖孃"的笔名,写了一首"乐和族之歌",记录了自己所看到和体验的乡村生活。它被巫溪的妇女们编成了快板,有动作,有队形,更有一种欢快自豪的表情,感染着大家,也感动着我,让我看到她们骨子里对于乡村的生态智慧、乡土文脉和自然养生所构成的健康生活方式的自我肯定。歌词如下:

我是乐和族,行走乐和路;清风绕青山,山涧花鸟树。
住的乐和村,乡野生态屋;房屋会呼吸,现代又古朴。
吃的乐和餐,天然菜和谷;田野接餐桌,药膳有食谱。
喝的乐和水,水自泉眼出;云雾润脾肺,山泉洗衣服。
日出去劳作,鸡鸣陪晨读;日落就休息,狗吠伴呼噜。
男耕种庄稼,下地有铁锄;女织绣手绢,学艺用细杵。
路边认中药,田野逗蟾蜍;依窗抚古琴,品茶无旁骛。
易行养身操,太极舒筋骨;踢毽滚铁环,童年游戏酷。
吟诵乐和调,手绘乐和图;滋养乐和心,研习乐和谱。
乐道亦尚和,敬天又惜物;儒道释医艺,国学在乡土。
乡土藏灵气,乡亲打招呼;乡趣拨童心,乡情很黏糊。
乡村是母体,孝子来养护;返璞归天真,同走回家路!

田野里，阳光下，我们会真实地完成生命意识的复苏和心智的开启，这在城市的钢筋水泥的隔膜状态下是很难实现的。建立乡村大健康系统，不应仅仅局限于身体，还应同时关注心理系统的健康和自然系统的健康，倡导惜物能、增体能、蓄心能的生活方式。这就需要重估乡村生活的价值，对工业化的城市生活进行反思。

单向的、无节制的消耗物能的生产和生活方式，不仅造成了环境的恶化，还导致了体能和心能的退化。对汽车的依赖，导致四肢功能的退化和心血管疾病的增加；对空调的依赖，导

乐和之家的社工与村民跳起土家族摆手舞

致皮肤调节和呼吸能力的衰退；高强度的工作压力、高速度的工作节奏，以及这种物能依赖型的生产和生活方式造成的环境污染，是各种各样现代病乃至猝死发生的重要原因。更可悲的是，这种追逐物能的竞争、斗争和战争，慢慢使得人心如荒漠、精神被污染，割断人情、亲情、友情乃至爱情，失去和自然息息相关、血脉相通的情感，由此也失去了快乐的源泉和快乐的能力。现代文明对物能的消耗已经到了临界点，心能的衰败和体能的衰竭也到了临界点。而乡村就是疗愈各种城市病，各种自然缺失症、亲情缺失症的家乡。

乐和康养探索的，是现代版的天人合一之路。一种互助共生的康养模式建立起来，有助于吸引城市人来到乡村，为村里人带去乡村康养的经济收入，为城市人带去乡村生活的健康和乡亲乡情的温暖。无论村里人还是城里人，最重要的是人们对于乡村价值的重估和乡村生活的向往，理解乡土智慧并滋养自己的生活，激发为这种美好生活而尽责的心愿。那时候，一个个乡村将成为一座座自然健身馆、一座座田园养老院和一个个大地童乐园，那一个个传承了文明、供养了城市而如今疲惫枯衰的乡村母体，便会在游子归来的慰藉之中、康养事业以及相关的生态农业的生长之中，重新焕发出生机和风采。

尾　声

乡建人才培养思路

传统中国的治理体系本质上是以城乡之间的天然融合为基础的，在乡村社会的中堂、学堂和祠堂中孕育的人才，营造了乡村和城市生活的"百业"。无论是文治武功的从政，还是经世济国的经商，无论进城多少年，人们在乡下都有老家，老了总要还乡，成为乡绅，参与乡村治理和乡村教育。但是经历了三千年来从未有过的大变局，乡村社会和乡土文化遭遇了前所未有的重创。现代化过程造成了农村精英流失，太多的人从乡村走出去后再也没能回去，乡村作为文化的母体因此衰竭、枯槁。

在乡村"空心"和"空巢"现象不断加剧的情况下，完全依靠乡村内生的力量来实现乡村振兴，显然是很难的，因而需要城镇人群的回流反哺，需要借助专业的外部力量来激发和激活、陪伴和培育乡村内生的力量，使之生发成长起来。培养乡村振兴的专业人才，特别是乡村社工人才，无疑是乡村振兴的当务之急。

乐和家园探索了传统智慧与社会工作相融合的理念、路径和课程，对培养传统文化与社会工作相融合的治理人才提供了有益的参考。限于篇幅，我在这里结合多年的人才培养实践，简略地对人才培养提出几点建议。

一、弘扬传统智慧

中国几千年来那些活跃在朝廷的士大夫、奔走在民间的士君子与乡绅乡贤，曾是历史最悠久的"中华社工"。中华文化本身包含了丰富的以修身为本、以齐家为根、以村落社区为基的社会工作理念和方法。在西学东渐的百年里，中华社会工作的理论基础与实操技术逐渐让位于西学。如今，在基层社会治理领域，诸多治理理念和方法仍沿袭西方，头痛医头脚痛医脚的西医式思维颇为流行；为社会治理提供专业服务的社工体系，所沿用的依然是西方的社工理念、课程和方法；社工资格考试一如往常地缺少国学经典和中国传统文化的必修内容。遭遇百年西方文化冲击后，社会治理领域的中国文化自信，似乎还有待时日。

尾 声 | 乡建人才培养思路

中华文化是中华民族生生不息的传统,之所以又被称为"国学",是近现代以来国人在接纳西学的同时,对于被西学"殖民"的一种觉察和抵抗,也是对自家优秀文化的一种自觉和守护。

我们又把中华社工称为"国学社工"。2017年的春分,在山东曲阜洙水和泗水之间的儒家祖庭,我们与中国孔子研究院杨朝明院长、山东大学儒学高等研究院副院长颜炳罡老师等儒学界同人一起,举行了隆重的首期国学社工研修营开营仪式。在仪式上,曲阜市委宣传部长致辞,并对国学社工做了这样的描述:"国学社工是传统文化的传承者和践行者。关于国学社工,我有几点认识:第一,社工是一项既善其身又济天下的工作。第二,社工从事的职业是一项顶天立地的事业。说它顶天,是因为它有大同的理想和梦想、责任和担当;说它立地,是因为它扎根基层、默默奉献、矢志不渝。第三,我想说孔子就是一个社工。按照天人合一的社工境界,内圣外王的社工情怀,天下大同的社工理想,经世致用的社工技能,知行合一的社工教育,孔子一生志学弘道、复兴礼乐,他传播仁爱民本,追求天下大同,他周游列国,他历经艰辛坎坷,他不就是一位真正的纯粹的社工吗?所以我们要向孔子学习。"这位领导不愧是孔子故里人,点出了中国社会工作的源头,以及"修齐治平""天人合一"的底蕴。

不同于城市分门别类的专一特点,从事乡村振兴工作的人才,特别需要的是综合能力,尤其是"治理或参与治理的能力"与"教化或参与教化的能力",而这正是以国学为内涵的中华社工的特点。对于乐和乡村的国学社工而言,除了掌握以国学为根基的社会工作六项技能即"社会调研、社会组织、社会教育、社会活动、社会宣传、社会记录",还要学习"耕、读、居、养、礼、乐"六项技艺,不仅能参与"一站两会、三事分流投入改革"的乐和治理,而且能助力"三院六艺"的乐和文礼,及以社会、文化为基础的生计、环保、康养等相关服务。

2017年曲阜洙泗书院重启暨国学社工开班

晚清名臣张之洞有一句名言，"古来世事之明晦，人才之盛衰，其表在政，其里在学"，揭示了中华文化和中华社工的特点，这就是政学一体、治育一体。这条几千年来相续相承的文脉，是不应该在我们这一代中断的。

二、提供资金保障

乐和家园通过招募大学生作为社会工作者到乡村服务，探索了一条精英回流、城市反哺之路。而这条路是否能走下去，取决于政府和社会对于社工服务的认知及相应的资金保证。

乐和社工的招募方式一般是依靠公益基金支持和政府购买。我们曾得到红十字基金会、南都基金会、友成基金会、中国光彩事业基金会、中华社会文化发展基金会等基金会的支持，但主要的资金支持来源于政府购买。

2008年以来，从四川的大坪山到巴渝的巫溪县，从重庆南岸区的乐和家园到湖南长沙县的乐和乡村，从杭州的永和镇到贵州的对门山，再到孔子故里山东曲阜市的村庄，乐和家园建设总能长出令人鼓舞的果实。在这个过程中，我们欣喜地看到社工作为专业人才在其中的重要作用，也遗憾地看到，当政府购买社工服务难以维系的时候，乐和家园建设出现的挫折甚至夭折。

从全国的境况来看，尽管大量公益基金会声势浩大，但是对于农村社工的支持和培育的份额弱之又弱；尽管政府的乡村振兴战略有大量的资金，但大多用于硬件建设和物质层面的扶贫，而用于农村社工的部分则是少之又少。乐和家园试点的中止或者搁置，与经费不能持续有着直接的关系。在乡村扶贫转为乡村振兴的大战略背景下，我们期待这种局面会有大的改观。

三、扩大人才来源

乐和社工的招募对象主要是本地青年大学生。这样做，一是可以解决部分大学生的就业问题，让大学生在乡村工作中得到锻炼，提高工作能力。二是可以在一定程度上协同政府解决乡村振兴中的软件建设，特别是社会建设和文化建设两个大课题。三是可以引进城市资源，帮助市场对接，推动以人为本的城乡统筹。作为专业的公益组织，社工组织通过政府购买公益服务和公益基金会的支持，得到项目和行政经费，可以解决公共服务的人力成本，他们的专业背景可以帮助和提高村级事务管理和公共服务的专业水平。四是可以作为一道防火墙，协助政府监督惠民政策的落实。

我们曾经与重庆的几个高校合作，通过提供社工实习岗位来吸引大学生关注农村。为了推动国家治理人才政策的创新，我们还数次委托全国政协的同人呈送提案，建议将下乡做两年农村社工作为报考公务员的基本条件，这样不仅可以为乡村振兴输送有生力量，还有助于这些刚出校门的年轻人了解基层社会，接触乡土文化，提高治理能力。

大学生社工是乡村建设的"先遣队"，而第二类乡村建设的力量我们称之为"银童"，就是退休人员。这些人目睹了中国飞速发展的城市化进程，大多还保留着乡土情结。他们中有的人年轻时当过知青，对乡村还有着剪不断理还乱的感情。因此，可以与回乡养老和家乡寻根结合起来，组织"银童团"下乡助人自助。第三类可能的力量，我们称之为"金领"，即以企业家为主的人群。企业家不仅出钱，更重要的是出人和精力。

作为一种城市反哺乡村、推动城乡平衡发展的力量，外来人士要做"酵素"而不是"胰岛素"，协同政府充分发现和培育乡村内部的建设力量，这些力量中蕴含了乡村文化的火苗。只需引导和激发，就能重新唤醒那些潜藏在村民心中的传统价值观念和文化沉淀，从而推动乡村自我发展。

社工们在服务乐和乡村的过程中提升综合能力,收获乐和人生

四、创造服务条件

农村社工不同于城市社工的上下班制度,需要住在村里,所以还需要给他们提供生活居住的场所。居住场所通常是由村委会租下闲置的村民小院,作为社工站。社工的工作地点主要是乡村的公共空间。这些公共空间因为有了乐和社工而增加了活力,因为"耕读居养礼乐"的六艺服务而使乡土文化得到传承。

灾后重建的时候,乐和社工配合生态建筑师,帮助村民建起了生态民居；之后，又向自然农业专家学习生态养殖和种植的技术，还组织妇女绣手绢、做布鞋，帮助她们开发生态旅游项目。在以关爱留守儿童为主的社工服务中，社工还走进了乡村学校，承担代课老师的一部分角色。相对于乡村社区，大学生们更容易在学校的讲台上找到自己的感觉，而他们所获得的"代课老师"的身份也容易得到孩子和孩子家长更多的尊重。毕竟，中国农村还保持着"尊师重道"的传统。社工们每周三天服务学校，两天服务社区，形成了村校一体的留守儿童关爱模式，加强了学校对于乡村的文化功能，也加强了学校对于乡村的依恋。

五、加强能力培训

在过去的十几年里，作为一个以国学传承和社会工作为特质的公益机构，我们协助政府和村民进行乐和家园基层实验的过程，也是探索乡村振兴课程体系，特别是乐和文礼课程体系的过程。2017年，在中华社会文化发展基金会的支持下，北京乐和公益基金会与北京乐和社会工作服务中心，在曲阜洙泗书院启动"乐和社区书院"支持项目，总结曲阜乐和家园的三个村社的实践样本以及乐和社工团队在过去10年里的操作经验，形成《乐和社区书院项目操作手册》和《乐和社区书院新六艺教材》。2019年，在重庆南岸区政府的支持下，形成了关于家风家教的系列教材。这套集传统智慧、社会工作和乡村振兴于一体的课程体系，包括耕、读、居、养、礼、乐、修身、齐家、治社、沟通十门课程。课程秉承知行合一的教学理念，以儒家经典为内涵，以君子人格和实践能力的培养为目标，以乡村建设和社区治理为载体，是对社工根土化、专业化的扎实践行。

国学社工能力建设课程体系

从 2017 年开始，我们与中国社会工作联合会等多家机构在山东曲阜先后举行了为期一年、一百天、一个月、一周的国学社工培训，学员们的课堂就在孔子删《诗》《书》，定《礼》《乐》，赞《周易》的洙泗书院。学员们居住在与洙泗书院紧邻的书院村里，劳作在虫鸣蛙叫、朴素安然的田野中，以独特的拜师篇、读书篇、耕作篇、实习篇、生活篇和结业篇的方式，体验着"庙学一体、祭讲合一、耕读并重、礼乐传习"的乡土社工成长之路。而在重庆南岸区峡口镇的乐和书院，我们在民政局的支持下，从 2013 年开始，为社区干部、社工机构和社区社会组织骨干提供近 20 期"社会工作实务与传统文化培训"。学员们白天在书院上课，晚上住在村民家，由本村的互助会乡亲为大家服务。通过国学和社工融合的系统课程，接上中华文化的源头活水，促进了南岸区的乡村建设和社会治理服务创新。

近百年前，当西学裹挟着炮火猛烈冲击着古老的中国大地，知识界把这一切归罪于中国的固有文化而批判之、抛弃之的时候，民国大儒梁漱溟先生冷静而坚定地指出："中国之政治问题、经济问题，天然的不能外于其固有文化所演成之社会事实、所陶养之民族精神，而得解决……它必须是中国的一套，一定不会离开中国社会的事实及民族精神而得到一个办法。在政治上、经济上如果有办法，那一定是合乎中国

2015年8月，各地乐和社工在四川彭州大坪山乐和家园集训

文化的。"①时至今日，我们更深刻地认识到文化自觉和文化自信是何等重要。假如国人对自身的文化失去信心和信任、对自身的国情国性不去深究，就会失去是非准绳，各种各样的精致利己主义、文化虚无主义、工具理性主义和拜金主义等就会长驱直入，进行文化殖民，与中国文化的世界观和价值体系产生激烈的冲突，其现代化的方案就有可能出现偏差

---

① 梁漱溟：《中国民族自救运动之最后觉悟》，《梁漱溟全集》卷5，第116页；《精神陶炼要旨》，《梁漱溟全集》卷5，第514—515页，山东人民出版社1990年版。

而造成极高的社会代价、环境代价和文化代价。毕竟,救国和治国良方都基于中华共同体文化的传承与创新。

"乐和"是中华共同体文化的通俗表达,"乐和家园"是用共同体文化营造共同体社会的理想与行动。我们曾将乐和家园五个系统编成"乐和谣",编成村民喜闻乐见可以吟诵演唱的小调、快板。希望它成为更多人的愿景和行动,成为留守的老农人和回乡的新农人共同营造的美好生活,成为乡村振兴大潮中一朵美丽的浪花:

乐和家园好处多,人生快乐又祥和。
乐和治理人共治,公心公益个群和。
乐和生计财共赢,良心良品义利和。
乐和养生命共惜,真心真气身心和。
乐和道义心共慈,慧心慧利心智和。
乐和人居境共存,爱心爱惜天人和。
人人都把乐和讲,个个都把善事做。
弘扬中华好传统,满园齐唱正气歌!

乐和愿景治理篇

乐和会,齐参与,自治共治聚合力。
乐和院,活动地,公共空间集人气。

乐和墙，公示牌，公共监督强有力。

乐和礼，立规矩，行为规范有约定。

乐和堂，化纠纷，不上法庭能处理。

乐和报，出快递，上下通达彰民意。

乐和台，广播语，喇叭入户播消息。

乐和榜，记善行，扶困济弱扬正气。

乐和簿，义工表，男女老少做公益。

乐和队，育人才，家家户户出专员。

农艺队，老农贤，智慧农耕能领先。

手艺队，长技艺，传统技艺能延绵。

环保队，责任重，监察环境护家园。

宣传队，能表演，乐和理念处处传。

养生队，会保健，家家健康有档案。

娃娃团，小先锋，乐和家园美少年！

乐和愿景文礼篇

乐和心，读经典，读经诵典学圣贤。

端礼仪，明礼义，复礼兴乐文脉传。

唱老歌，讲故事，国旗国魂铭心间。

言语敬，行为谦，和而不同能让先。

尚俭朴，喜简单，知足常乐不贪婪。

怀慈悲，有仁爱，滴水之恩当涌泉。
父母慈，儿女孝，上慈下孝亲情见。
夫妻和，弟妹甜，夫妻弟妹真情显。
邻里睦，同事憨，左邻右舍友情坚。
尊师长，佑后人，先师后人乡情绵。
官廉政，民厚朴，干群相融温情暖。
熟人近，生人亲，天下一家热情现！

乐和愿景生计篇

乐和社，经济体，统集分多有同济。
选品种，共商议，统一规划有合力。
做品牌，靠信誉，集中管理有信力。
有品位，要自律，分户生产有活力。
保品质，有联保，多元经营有魅力。
乐和金，做信贷，乡村金融创信誉。
乐和坊，农博园，农场工坊旅游地。
种庄稼，亲土地，泥土稼香展农艺。
读诗书，唱乡曲，耕读传家显文艺。
兴旅游，藏野意，乡村体验出游艺。
做绣品，编竹品，乡土礼品留手艺。
乐和标，注品牌，市场营销增收益。

乐和店，最诚信，伪劣商品不能进。
乐和网，新科技，信息公路高效率。
购与销，面对面，农户用户能互益。
城与乡，心贴心，市民村民生情义。

乐和愿景人居篇

乐和居，美环境，敬天惜物顺自然。
节用水，成习惯，减少污染护河川。
惜土地，保土质，土地污染须管严。
沼气池，节能灯，节能节电省能源。
种花草，植树林，房前门后是花园。
用手绢，减纸巾，保护树木还省钱。
野生物，要保护，野生动物不上餐。
不浪费，不铺张，点餐适度要节俭。
拎布袋，挎菜篮，少用塑袋少污染。
废变金，回收站，垃圾分类变资源。

乐和愿景康养篇

乐和医，种百草，乡村诊所加医保。
乐和坝，办乡奥，大众体育出成效。
乐和钟，报节气，顺天顺时身体好。

治未病，善自保，健康讲座不能少。
会药膳，懂茶道，食品安全警惕高。
太极拳，普及了，早晚还有养身操。
调心态，增体能，静心净意除烦恼。
慢生活，慢智慧，万物乐和梦逍遥。

同乐和，共富裕，天地人和才永续。
老传统，新文明，万物乐和蕴生机！

后　记

2022年的初春，我终于完成了本书的初稿。此时，全球的疫情还没有结束。

当人类不仅面临着全球性的资源耗竭和环境污染，而且还遭受着全球疫情折磨的时候，历史的车轮放缓了它的速度，让奔跑的脚步慢下来，等待着落在后面的灵魂，等待着人类的反省与行动、内求与回归。

内求，就是让人生的去向从向外探索转而向内探求。

回归，就是让文明的走向从追逐城市转而回归乡村。

对于我个人而言，这是一条回家的路。

2000年6月，我作为号称"诺贝尔环境奖"的"苏菲奖"本年度唯一获奖人，去挪威首都奥斯陆领奖。颁奖仪式非常隆重，政府与民间的许多要人到场，之后我还被安排与他们的首相见面。但是主办方的一个请求，触发了我作为中国人的隐痛，成为我西行东归的转折。

这个请求就是——请在颁奖仪式上讲述中国文化。他们看到西方文明走入了困境，希望中国智慧能够帮助世界找到解决全球环境问题的药方，比如儒家、道家、佛家，或者阴阳？

看着他们渴望的眼神，听着他们用生涩的汉语说着儒、释、道，说着阴阳，我感到非常羞愧。虽然我23岁就是四川大学哲学系的青年教师，之后又是中国社会科学院的学者，但是我所追寻的只是西方哲学。我虽然长着一张中国脸，却并不懂得自己的文化。一个人不了解养育自己的文化，难道不是一种耻辱吗？

知耻而后勇！从那个时候起，我便下定决心，认认真真补习国学，并且用国学智慧来探索环境保护和乡村建设之路。我惊喜地发现，我苦苦思索的，从西方文化和西式环保那里百思不得其解的人生问题和文明问题的答案，原来就在古圣先贤的经典中，就在博大精深的汉字、中医、礼乐、干支和农艺的宝库里！而这些温厚的宝典，就在中国的乡村里，在祠堂、学堂、中堂这三堂里！

从公益回归国学，从国学回归乡村，我想，我找到了自己的道，中国的根，从此便义无反顾，走上了国学传承和乡村建设的有根的公益之路。我们的公益组织也就从当初的环保组织跨界升华为一个以中华共同体文化的传承与创新为使命的国学

后 记

社工服务机构。

2001年,我作为北京奥组委的环境顾问和央视环保专栏《环保时刻》的总制片人,带领团队开始了为期5年的"乡村长卷"乡土文化调研,制作了汉、藏、蒙古、苗、侗、傣、普米、布朗、纳西族9个民族10个乡村的纪录片;2006年,主编了《绿色中国乡土读本》;2008年,进入汶川地震的极重灾区成都彭州通济镇大坪村,在废墟上共建乐和家园的生态乡村;2010年,受邀回到祖籍重庆巫溪县,协助政府在全县开展乐和家园建设,由此,乐和家园从一个村落的实验成为"党委政府为主导、村民居民为主体、传统文化为主脉、社工服务为助力"的基层社会治理模式;2012年,关爱农村留守儿童的乐和之家项目在重庆巫溪、酉阳和黔江10个乡村的试点持续开始;2013年,重庆南岸区乐和家园和湖南长沙县乐和乡村建设同步启动;2015年,"学儒家文化、建乐和家园"工程在山东曲阜市13个村庄展开;2017年,以"互助乡厨"入手的乡村互助养老创新在多地的乐和乡村相继实施……

2019年12月,我与诸多著名学者共同完成了20万字的研究报告——《中华民族共同体的社区传承与创新模式研究——从"乐和家园"看基层治理之道》。该报告作为中央社会主义学院统一战线高端智库的理论成果,引起清华大学社会治理与发展研究院的关注,并专门为之召开研讨会。我也受邀在清华大学时事大讲堂做专场讲演,题目是"用传统智慧深化现代治理"。

经过20年的中国乡村研究和14年的乐和乡村建设,我对乡土文化的复兴不乏信心,但也不免担心。因为农村的老人渐渐离去,愿意回归乡村、愿意参与乡村振兴的人还是太少了。

"喝一壶老酒,让我回回头,回头望见妈妈的泪在流。"每次听到《一壶老酒》这首歌我都想流泪。中国文化就像那壶老酒,而中国乡村就是我们的妈妈!她经受过多少苦难,她承受过多少重负,她为中国的现代化、城市化输出过多少精血,她的乳汁养育过多少儿女!可是她送走的儿女中,有多少人,再没有回回头!

"喝一壶老酒,醉上我心头,浓郁的香味咋也就喝不够。"回望20年的回家历程,乡村、乡土、乡亲让我有福气闻到了、喝到了祖先给我们酿的这壶老酒。20年的思考,20年的行走,太多让我感动的人难以言表,太多让我感慨的事难以述说。借此机会,向乡亲们和同人们,向所有的同行者,表达我深深的谢意和敬意!

"喝一壶老酒,让我回回头,回头望见妈妈你还没走。"曾经美丽而健壮的乡村母亲,如今已经衰弱不堪,但她还没有倒下,她还在那里,期待着儿女们的归来。

愿这本书成为"乡愁"这壶老酒里浓郁的一滴,让您听到妈妈的呼唤——呼唤前浪们,告老还乡;呼唤后浪们,携手

后　记

下乡！

　　愿更多的人回望乡村、回报乡村，让乡土中国生生不息，让乡土文脉缕缕不绝，让古老的乡村从我们手中振兴，让悠久的文明从我们脚下复兴！

　　农田是久远的古迹
　　农具是千年的文物
　　农村是古老的名胜
　　农夫是历代的亲人

　　让我们一起，
　　把根留住！